保育士を育てる⑧

谷田貝 公昭［監修］

子どもの保健

吉田 直哉・糸井 志津乃［編著］

一藝社

監修のことば

　本「シリーズ 保育士を育てる」は、保育士を養成する大学・短期大学・専門学校等のテキストとして利用されることを願って刊行するものである。

　本シリーズは、厚生労働省から出ている「保育士養成課程を構成する各教科目の目標及び教授内容について」に準拠したものである。また、ここで取り上げた各教科目は、保育士資格を取得するための必須科目となっているのである。

　保育士とは、「専門的知識及び技術をもつて、児童の保育及び児童の保護者に対する保育に関する指導を行うことを業とする者」（児童福祉法第18条の4）をいう。従前は、児童福祉施設の任用資格であったが、2001（平成13）年の児童福祉法の改正によって、国家資格となった。

　保育士の資格を取得するためには、大学・短期大学・専門学校等の指定保育士養成施設で所定の単位を取得して卒業して得るか、国家試験である保育士試験に合格して取得する方法とがある。

　よく「教育は結局人にある」といわれる。この場合の人とは、教育を受ける人（被教育者）を指すのではなく、教育をする人（教育者）を意味している。すなわち、教育者のいかんによって、その効果が左右されるという主旨である。

　このことは保育においても同じである。保育の成否は保育士の良否にかかっていることは想像に難くない。保育制度が充実し、施設・設備が整備され、優れた教材・教具が開発されたとしても、保育士の重要性にはかわりない。なぜなら、それを使うのは保育士だからである。いかに優れたものであっても、保育士の取り扱い方いかんによっては、子どもの発達に無益どころか、誤らせることも起こり得るのである。したがって保育士は、保育において中心的位置を占めている。

　各巻の編者は、それぞれの分野の第一線で活躍している人たちである。各巻とも多人数の執筆者で何かと苦労されたことと推察し、お礼申し上げたい。

　本「シリーズ 保育士を育てる」は、立派な保育士を育成するうえで、十分応える内容になっていると考えている。

　われわれ研究同人は、それぞれの研究領域を通して保育士養成の資を提供する考えのもとに、ここに全9巻のシリーズを上梓することになった。全巻統一の論旨については問題を残すとしても、読者諸子にとって研修の一助となれば、執筆者一同望外の喜びとするものである。

　最後に、本シリーズ出版企画から全面的に協力推進していただいた一藝社の菊池公男会長と小野道子社長に深甚の謝意を表したい。

　2020年1月吉日

　　　　　　　　　　　　　　　　　　監修者　谷田貝公昭

まえがき

　2017年改定の新しい保育所保育指針は、第3章に「健康及び安全」を独立した章として立て、子どもの健康支援の重要性を特記していることは周知の通りである。「保健」知識の実践上の重要性は、保育士等キャリアアップ研修において、「保健衛生・安全対策」の研修分野が立てられていることにも現われている。

　本書は、保育士養成課程で学ぶ学生のために、厚生労働省保育士養成課程等検討会の示すガイドラインに準拠して作成された、「子どもの保健」のテキストである。

　保育士養成課程科目の中で、「子どもの保健」は、特に高等学校の教科においては「理科系」に属する学修事項を発展させた内容を含んでいるため、とっつきにくい印象を受ける読者もいるかもしれない。

　しかしながら、子どもの心身の健康を支えるための専門知識は、保育実践を円滑に進め、子どもの育ちの質を高めるための大前提となるものである。「保健」に関する知識は、明治期における託児所の草創期から、保育者の習得するべき専門知識として重視されてきた。小児科学、看護学、精神医学など関連諸学との接面を成す「保健」は、保育士が備えるべき専門知識の幅広さを象徴する分野である。

　同時に、幼稚園教諭教職課程には含まれない分野であり、教職課程と比較した際の保育士養成課程の専門性を特徴づける科目でもある。

　本書の執筆・編集にあたっては、広範囲にわたる保健学の知見のうち、乳幼児保健に関する内容を、簡潔かつ平明に示すことを第一に心がけた。簡潔さと平明さは必ずしも一致しないことから、各執筆者は内容の精選、記述の適否に関して、最大級の慎重さをもって判断している。

　とはいえ、編者が保健学全般にわたる最新の知見を網羅しているわけではないため、部分的にはアウト・オブ・デートな箇所が見出せるかもしれない。そのような不備に関しては、読者からのご指摘を頂戴し、内容のアップデートを適宜行なっていく予定である。

　本書もまた、保育士を目指す読者に育てられて、成長していくものと考えている。

　2020年1月

編著者　吉田 直哉
　　　　糸井志津乃

もくじ

第1章

生命の保持と情緒の安定に
係る保健活動の意義と目的

第1節 »»» 保育のねらいと内容

▶ 1　子どもの生命の保持のために

　保育所は、入所する子どもの最善の利益を考慮し、健全な心身の発達を図る生活の場でなければならない。乳幼児期にとって、豊かな生活の場をつくるためには、養護と教育を一体的に展開することが必要である。

　養護とは、子どもの生命の保持と情緒の安定を図るための保育士の関わりの総称を表す。養護と教育を一体的に展開することとは、子どもの命を守り、情緒の安定を図りつつ、豊かな体験を通して発達を援助することを指している。以下、保育所保育指針の養護に関わる「ねらい」と「内容」について要約して示した。

（1）保育のねらい

①子どもが、快適に生活できること。

②子どもが、健康で安全に過ごせること。

③子どもの生理的欲求が、十分に満たされること。

④子どもの健康増進が、積極的に図られること。

（2）保育の内容

①子どもの健康状態や発育及び発達状態を把握し、早期に異常を察知し、速やかに適切に対応する。

②家庭や嘱託医等との連携を図りながら、子どもの疾病や事故防止に関する認識を深め、保健的で安全な保育環境の維持向上に努める。

③清潔で安全な環境を整え、適切な援助や応答的な関わりを通して子どもの生理的欲求を満たしていく。また、家庭と協力し、子どもの発達過程等に応じた適切な生活のリズムがつくられていくようにする。

④子どもの発達過程等に応じて、適度な運動と休息を図り、食事、排泄^{はい}、衣類の着脱^{せつ}、身の回りの清潔について、子どもが意欲的に生活できるよう適切に援助する。

▶ 2 子どもの情緒の安定のために

(1) 保育のねらい

①子どもが、安定感をもって過ごせるようにすること。

②子どもが、自分の気持ちを安心して表現できるようにすること。

③子どもが、周囲から主体として受けとられ、主体として育ち、自分を肯定する気持ちが育まれていくようにすること。

④子どもがくつろげる環境であり、心身の疲れが癒^{いや}されるようにすること。

(2) 保育の内容

①子どもの置かれている状態や発達過程などを的確に把握し、子どもの欲求を適切に満たしながら、応答的な触れ合いや言葉がけを行なう。

②子どもの気持ちを受容し、共感しながら、子どもとの継続的な信頼関係を築いていく。

③保育士等との信頼関係を基盤に、子どもが主体的に活動し、自発性や探索意欲などを高め、自分への自信をもてるよう成長の過程を見守り、適切に働きかける。

④子どもの生活のリズム、発達過程、保育時間などに応じて、活動内容のバランスや調和を図り、適切な食事や休息が取れるようにする。

第2節 »»» 保健活動の意義と目的

▶ 1　保健活動の意義

　日本における出生率の減少は継続している。少子化によって子ども同士の関わり体験不足や自主性、社会性の発達への影響等が懸念されている。保護者においても、子育てに対する知識不足、各家庭の孤立化、母子家庭の増加等により、安心した子育て環境が 脅 かされている。

　子育て支援施策として、女性就労の増加等に伴って入所希望が増大する低年齢児保育（0〜2歳）、延長保育、一時的保育事業の拡大などの多様な保育サービスの充実や、保育システムの多様化・弾力化の促進（駅型保育等）などの対策が進められている。

　保育所保育指針にも、「一人一人の子どもの健康の保持及び増進並びに安全の確保とともに、保育所全体における健康及び安全の確保に努めることが重要となる」（第3章「健康と安全」）と示されているように、保育サービス施設での保健活動は、子どもの心身の発達を踏まえ、健康面の把握と疾病対応、および健康増進に向けて、家庭や他職種との連携を行なうことが必要である。

▶ 2　保健活動の目的

（1）心身の状態の把握

　健康状態や発育および発達の状態の把握は、慢性疾患や障害、不適切な養育等の早期発見につながる。また、疾病の発生状況を把握し、早期の疾病予防のための対策を立てることができる。

　健康状態の把握は、日々の子どもの心身の状態の観察、さらに保護者からの園児の状態に関する情報提供、定期的な健康診断を総合的に行なう。日々の身体の観察では、疾病等に伴う状態の有無や、平常とは異な

る状態を見極める必要がある。個々の子どもの発達過程により症状の現れ方が異なる場合があるため、保護者から事前に、生育歴や心身の状態について聞いておくことが必要である。

(2) 発育及び発達の状態の把握

乳幼児期は成長発達が 著 しく連続性があるため、継続的に把握しておく。発達の状態は、子どもの日常の言動や生活等の状態の丁寧な観察を通して把握する。心身の機能の発達は、脳神経系の成熟度合や疾病、異常に加えて、出生前および出生時の健康状態や発育および発達の状態、生育環境等の影響、さらに個人差も大きい。成長発達状況の個別の記録を準備し、健康診断の際に身長・体重等の計測した結果を前回の結果と比較し、保護者に子育ての参考にしてもらうよう連絡・報告する。

(3) 把握結果への対応

子どもの心身の状態については、保護者に報告し、日頃の関わりについても必要に応じて助言する。発熱や傷害等があった場合、保護者へ連絡し、状況に応じて園医や家庭のかかりつけ医等の指示を受けて対応する。また、それぞれの状況に活用できるマニュアルを作成し、基本的な対応の手順や内容等を明確にして、他職種を含めて意見交換等も行ない、職員全員と共有して行動できるようにしておくことが必要である。

(4) 虐待の予防・早期発見

子どもの心身の状態や家庭での生活、保育中の状態等の把握、送迎時の保護者の状況等から、育児状況を把握し、虐待への発生予防、早期発見、早期対応につなげる。早期発見のためには、子どもの発育の遅れや栄養状態、不自然なけが、虫歯の多さ等の身体状況や、おびえた表情、表情の乏しさ等の情緒的視点に注意する。不潔な服装や体で登園、不十分な歯磨き、予防接種や医療を受けていない状態等の養育状況の有無についても確認する。保護者や家族の状態では、子どもへの拒否的態度や、過度に厳しいしつけ、叱ることが多い、理由のない欠席や早退、不規則な登園時刻等に気を付ける。

第3節 »»» 子どもの育みと保育士の役割

► 1　乳児

　入所する子どもは、0歳から小学校入学前までの乳幼児期である。この時期は、心身の発達が著しく、免疫力も低く感染症にもかかりやすい。また、運動機能の発達とともに探索行動等も盛んとなり、不慮(ふりょ)の事故も多くなる。

　保育士の役割は、日々の子どもの健康や発育、および発達状態を把握し、早期の対応によって、子どもの安全や健全な発達を保障することにある。ここでは、低年齢児による子どもの育みと、保育時の配慮について述べる。

(1) 0〜6か月

　この時期は、身長や体重が増加し、成長発達が著しい。運動機能面では、手足の動きが活発（5か月〜）になり、何でも口にもっていく。喉(のど)に詰まらせる可能性のあるものは、子どもの周辺には置かないように注意する。

　視覚の発達では、周囲の人や物への凝視や、聴覚面では音がする方を見るようになる（3か月頃）。自分を取り巻く世界を認知し始め、人との交流が促されていく。子どもの生理的な「ほほえみ」から社会的なほほえみへ、発声は、大人と視線を交わしながらの「喃語(なんご)」へと、社会的・心理的な意味をもつものへと変わっていく。発達を促すためには、子どもが示す様々な行動や欲求に、保育士が適切に応答し、積極的に働きかける。特定の大人との情緒的な絆(きずな)が培われ、愛着関係へ発展する時期であるため、特定の保育士が関われるような配慮も必要である。

(2) 6か月から

　座る、這(は)う、立つ、伝(つた)い歩きを経(へ)て、一人歩きへ移行（粗大運動）し、

全身の動きが活発になり、自分の意思で体を動かせるようになる。手の動きも、手のひら全体で握る状態から、全ての指で握る状態へ、さらに、親指が他の指から独立して異なる働きをする状態を経て、親指と人差し指でつまむ動作へと変わる（微細運動）。運動機能の発達とともに、探索行動も活発化されることで子どもの視界が広がり、様々な刺激を受けながら、生活空間を広げていく。自由に移動できることに喜びや好奇心が旺盛となるため、安全な環境を設定することが大切である。特に、ベッドからの転落等の事故には注意が必要である。

　言語の変化も、人の言葉に意味があることが分かり始め、自分の意思や欲求を伝えようとし、「喃語」から「言葉」へ変化する基盤ができてくる時期である。保育士は子どもの気持ちをくみ取り、応答的に関わる。

　栄養面では、母乳や調整粉乳だけでは成長にあたって栄養不足となるため、離乳食への移行の時期となる。しかし、離乳食の無理強いは食への意欲に影響する。食事は楽しい時間として過ごさせることが必要である。また、初めて摂取する食材がアレルギー食材の可能性が高く、保育施設においては「保育所における食物アレルギー対応ガイドライン」に従って提供する。特に０歳児の場合は、確定診断に至っていない場合が多く、日頃より保護者への指導や、嘱託医等と連携し、非常時の対応にも備えておく。

　乳児期の保護者は、母親が産後のホルモンバランスによって「産後うつ」が発症する場合がある。保育士は、日頃より保護者の体調や子育てに対する不安などに留意し、保護者との信頼関係を築き、心理的負担をやわらげる支援を心がける必要がある。

▶２　３歳未満児

　この時期は、発達面で気になる子どもも明らかになってくる。成長発達には、個人差もあることから、保育士間の情報の共有や、他機関との連携、保護者との情報交換を密に取るなどの配慮が重要となってくる。

　また、感染症の罹患率も高く、予防接種の有無や日頃の状態を良く観察し、早めの対応によって悪化を予防するなどの力を養う必要がある。

(1) 1歳児

　身近な人や身の回りの物に、自発的に働きかけていく時期である。一人歩きが可能となり、自由に手を使えるようになると、様々な物を手に取り、物の出し入れ等をするようになる。絵本をめくる、クレヨンなどでなぐり描きをするようになる。大人の言うことが分かるようになり、自分の意思を伝えたいという欲求が高まり、指差し、身ぶり、片言などを盛んに使うようになる。これらの活動を通して、ものを媒介とした人とのやり取りから、好奇心や遊びへの意欲が培われていく。

　保育士は、子どもの歩行時の転倒、階段からの転落やドアに指を挟むなどの事故防止に努め、安全に遊べる環境を設定する。また、子どもが指差すものを保育者が言葉にし、応答する機会を増やしていくことが言語発達や社会性を育む一歩となる。

　1歳から1歳6か月頃になると、目と手を協応させる力が発達し、食物を目で確かめて、手を伸ばしてつかんで感触を確かめ、口まで運べるようになる。離乳食の完成期でもあり、様々な食品に慣れ、食材の味に親しみ、味覚の幅を広げることが大切である。そのためには、自分で食べる意欲を損なわないように、「つかめる食材」を準備し、汚れてもよい環境を整えていくとよい。

(2) 2歳児

　基本的な運動機能が発達する時期で、体を思うように動かすことができるようになり、行動範囲を拡大させていく時期である。指先の機能の発達によって、食事や衣服の着脱、排泄等、身の回りのことを自分でする意欲に合わせて、本人ができることは褒めて、できない部分は見守りながら援助していく必要がある。

　語彙も増加し、「わんわん、きた」などの「2語文」も話せるようになる。自分の意思や欲求を言葉で表出するようになり、自己主張するこ

とが多くなる。自分の主張が通らないと、かんしゃくを起こすようになるため、保育士は、子どもの自我の育ちを積極的に受け止めることが重要である。子どもは、保育士との関わりから少しずつ感情を静め、気持ちを立て直していくことができる。

　また、ままごとなどの簡単な「ごっこ遊び」をするようになり、イメージを膨らませることで象徴機能が発達し、やり取りが増えていく。保育士が少しでも子どもの気持ちに寄り添い、様々な遊びを取り入れ、一緒にイメージを膨らませるように関わっていくことが大切である。

【引用・参考文献】

厚生労働省「保育所保育指針解説」2018年

　　　https://www.mhlw.go.jp/file/06-Seisakujouhou-11900000-Koyoukintoujidoukateik

　　　yoku/0000202211.pdf

内閣府・文部科学省・厚生労働省「幼保連携認定こども園教育・保育要領解説」2018年

　　https://www8.cao.go.jp/shoushi/kodomoen/pdf/youryou_kaisetsu.pdf

林邦雄・谷田貝公昭監修、宮島祐編　『子どもの保健Ⅱ』一藝社、2016年

（糸井志津乃）

第**2**章

健康の概念と健康指標

第**1**節 》》》 健康の概念

► 1 健康とは何か

　健康とは何か。病気が無ければ健康なのか。はたまた、よく寝て、よく運動して、よく食べることができれば健康なのか。健康であることが、人生を快適に過ごすために必要なことと考えるのであれば、人生 100 年時代を迎えようとしている我々にとって、現代を生きるために健康であることは重要となる。しかし、「健康とは何か」を、一概に言うことは難しい。

　そこで、この章では健康について考えていきたい。健康について WHO（世界保健機構）が提唱する考え方や、日本における健康の現状と国民の健康づくりに対する取り組みについて述べていく。

► 2 世界における健康の定義

　まずは、健康の定義を確認していきたい。健康の定義として世界でもっとも用いられているものは、1946 年に採択された WHO 憲章の前文に書かれている言葉である。条文は次のとおりである。

　"Health is a state of complete physical, mental and social well-being and not merely the absence of disease or infirmity."

　「健康とは、肉体的、精神的、社会的に完全によい状態にあることで、単に疾病または虚弱でないということではない」

　つまり、WHO 憲章の前文では、疾病や虚弱な状態ではなく、肉体的にも精神的にも良好であり、さらに、社会の中で人間らしく生きることが出来る状態が健康としている。この WHO の考え方は、健康を幅広く捉えており、人々が追求する健康の理想像であるといえる。

► 3　日本における健康の定義

　わが国の健康の定義に関しては、WHO が提唱した世界における健康の定義のような具体的なものはない。ただし、厚生労働省が 2012 年に出した「健康日本 21」（第二次）の基本的な方針の中においては、健康寿命について示しているところがある。それによれば「健康寿命」とは、健康上の問題で日常生活が制限されることなく生活ができる期間である、としている。これが現代の日本における健康の定義であるといえる。

第2節 »»» 健康指標

► 1　個人の健康指標

　健康指標とは、健康の度合いを測る尺度（しゃくど）のことであり、健康かどうかを客観的に判断するものである。健康指標には、個人を対象にしたものと集団を対象にしたものがある。特に、集団を対象としたものには、世界の国々、都市や市町村、さらには特定の地域といった集団の規模の大きさによっても指標の内容が異なってくる。ここでは、どういった指標が健康の判定に使用されているか述べていきたい。

　個人の健康指標は、体温、血圧、脈拍などのバイタルサインや、体重、血液学検査や生化学検査、心電図、内視鏡検査から疾病（しっぺい）や臓器の異常などを判断するための各検査項目の基準値などが挙げられる。

▶ 2　集団の健康指標

　WHO では、国際間の比較のために用いる総合的な集団の健康指標として、平均余命、死亡率、PMI（Proportional Mortality Indicator）の 3 点を挙げている。

（1）平均余命

　ある人口集団の暦年の死亡統計を基に計算された、年齢別の人口変化数を表したものを「生命表」という。この生命表を用いて、ある年齢の人々が、その後何年生きることができるかという期待値を「平均余命」という。特に、0 歳児における平均余命のことを「平均寿命」という。

（2）死亡率

　死亡率については、粗死亡率、年齢調整死亡率、乳児死亡率などさまざまな指標があるが、粗死亡率というものが代表的な指標である。

　粗死亡率とは、人口 1,000 人に対して、1 年間に何人死亡したのかで計算される。しかし、高齢者が多いところでは粗死亡率は高くなるため、年齢構成の異なる人口集団の死亡率を比較したい場合には用いられない。地域や時代の異なる人口集団の死亡率を比較する場合は、基準となる人口集団をあらかじめ設定し、年齢構成を考慮した年齢調整死亡率というものを用いる。年齢調整死亡率は、地域の差や時間的な推移を評価するために最も重要な指標のひとつとして用いられる。

　乳児死亡率とは、出生 1,000 人に対して、1 年間に何人の乳児（1 歳未満）が死亡したのかで計算される。この乳児死亡率のうち、出生 1,000 に対して生後 7 日未満の死亡数を「早期新生児死亡率」、生後 28 日未満の死亡数を「新生児死亡率」という。

　この乳児死亡率は、母子保健の指標としてだけでなく、国の健康水準を示す指標のひとつとして国際比較などに用いられる。

（3）PMI（Proportional Mortality Indicator）

　PMI あるいは PMR（Proportional Mortality Ratio）ともいわれる。PMI

とは、全死亡者に占める 50 歳以上の死亡者の割合のことである。全死亡者の中で、50 歳以上の人が占める割合が大きいほど、その集団の健康水準が優れていると判断することができる。近年では、全死亡者に占める 65 歳以上死亡者の割合が用いられる。

　PMI は、人口統計の整備が不十分な開発途上国などでも使用できる利点があり、国際比較の際に健康水準を示す指標のひとつとして用いられる。

　以上が世界における共通の主な健康指標として使われているが、この他にも、平均寿命、罹患率、有病率、死因別死亡率、周産期死亡率、妊産婦死亡率などがあり、国際間の比較や地域の集団の健康指標として用いられている。

► 3　日本における健康の現状

　日本では、国勢調査、人口動態調査、国民生活基礎調査、患者調査、国民健康・栄養調査など多くの調査を行なっている。これは、健康の現状を把握し、健康増進のための計画や、将来の状況を予測するために欠かせないものである。これらの統計資料をもとに日本の平均余命、死亡率、PMI（65 歳以上の死亡者割合）についてみていきたい。

(1) 日本における平均余命

　ここでは 0 歳児の平均余命、つまり平均寿命について述べる。日本における平均寿命は、明治〜大正時代を通じて低い水準であったが、昭和時代（1926 〜 1989 年）に入ると伸びはじめ、1950 年に女性の平均寿命が 60 歳を超え、男性も 1951 年に 60 歳を超えた。

　以降、女性の平均寿命は、1960 年に 70 歳、1971 年に 75 歳、1984 年に 80 歳、2002 年に 85 歳を超えた。一方、男性の平均寿命は、1971 年に 70 歳、1986 年に 75 歳、2013 年に 80 歳を超えている。2018 年では、男性の平均寿命は 81.25 歳、女性の平均寿命は 87.32 歳となっている。諸外国と比較してみても、男性・女性ともに日本は世界上位の長寿国で

あるといえる。

(2) 日本における死亡率

　日本における死亡率については、粗死亡率と年齢調整死亡率、乳児死亡率について述べたい。粗死亡率は、昭和に入ってから低下傾向にあり、1950 年 10.9、1960 年 7.6、1970 年 6.9、1980 年 6.2 となっていった。ところが、1983 年頃から人口の高齢化により緩やかな上昇傾向となり、2018 年には 11.0 となった。

　しかし、年齢調整死亡率でみると、年々低下しており、年齢構成の影響を考慮した死亡の状況は男女ともに改善されてきている。

　乳児死亡率は、1947 年には 76.7 と高い数値であったが、母子の健康状態や地域の衛生状態の改善とともに急速に低下し、1960 年 30.7、1975 年 10.0 となった。2017 年には 1.9 と、世界で最も低い数値であり、日本は、乳児死亡における世界上位の低率国であるといえる。

(3) 日本における PMI（65 歳以上の死亡者割合）

　近年の PMI は、65 歳以上の死亡者割合を用いるため、ここでは日本における 65 歳以上の死亡者割合について述べることとする。日本における 65 歳以上の死亡者割合は、2009 年 84.5%、2012 年 86.6%、2016 年 89.5% と上昇し続けている。2016 年の資料をもとに諸外国と比較してみると、イタリア 88.7%、スウェーデン 88.1%、ドイツ 84.7%、アメリカ合衆国 73.4% であることから、日本の 89.5% は世界でも上位の数値を示しており、健康水準が特に優れているといえる。

第3節 》》》 ヘルスプロモーション

▶ 1　ヘルスプロモーションとは

ヘルスプロモーションとは、WHO によって提唱された、人々の健康

の維持、健康増進のための活動、および戦略のことである。ヘルスプロモーションの考え方は時代とともに内容が変遷してきた。

　ここでは、ヘルスプロモーションの考え方が現在に至るまでの経緯と、この考え方を反映した日本における国民健康づくり対策について述べる。

► 2　ヘルスプロモーションの経緯

　ヘルスプロモーションの考え方は、前述している 1946 年に提唱された WHO の健康の定義から出発している。この 1950 年代は、ヘルスプロモーションは一次予防として位置づけられ、生活習慣の改善や疾病の予防など健康増進は、個人で行なうものと考えられていた。

　しかし、1977 年に WHO 総会において「Health for All by the Year 2000」（2000 年までにすべての人に健康を）を、WHO の基本目標に設定した。これによって、すべての人が健康な生活を享受することができる社会の実現のために、診療や治療などの医学的な活動の実践と、人々が健康な生活を送れる社会環境をつくり出すことを目指すところとした。

　その翌年、1978 年に旧ソビエト連邦のアルマアタ（現・カザフスタン共和国のアルマティ〔アルマトイ〕）で、WHO と UNICEF（国連児童基金）による、プライマリーヘルスケアに関する国際会議が行なわれ、"Health for All" を達成する戦略として「アルマアタ宣言」が採択された。このアルマアタ宣言の中で提唱されるプライマリーヘルスケアとは、それぞれの国や地域社会が健康増進、疾病予防、疾病の治療、リハビリテーションの実施、栄養改善、環境衛生の整備などを、国や地域の状況に応じて取り組むべき保健医療活動に対する理念のことである。

　"Health for All" が目指すところやプライマリーヘルスケアの概念によって、1970 年代には、ヘルスプロモーションは個人による取り組みだけではなく、国や地域社会で取り組むもの、という考え方となった。

　さらに、1986 年にカナダのオタワでヘルスプロモーションに関する国際会議が行なわれ、"Health for All" を達成するための行動指針とし

て「オタワ憲章」が採択された。このオタワ憲章の中でヘルスプロモーションとは「人々が自らの健康をコントロールし、改善することができるようにするプロセス」と定義された。そして、健康の前提条件として、平和・教育・食料・環境などについて安定した基盤が必要である、つまり社会的環境の改善を含めたものである、という考え方となった。

　そして、2005 年にタイの首都バンコクで健康づくり国際会議が行なわれ、新しい健康観に基づく 21 世紀の健康戦略を提唱した「バンコク憲章」が採択された。このバンコク憲章の中で、「人々が自らの健康とその決定要因をコントロールし、改善することができるようにするプロセス」と、ヘルスプロモーションの定義が再構築された。

　すなわち、現在のヘルスプロモーションの考え方は、個人が健康のために主体的に取り組むと同時に、それを可能にする環境づくりが大切とされている。そのためには、個人や地域社会、保健医療機関などが国や行政と協力をして、健康増進に取り組むことが必要なのである。

▶ 3　日本における国民健康づくり対策

　ヘルスプロモーションの考えを反映した日本における健康増進にかかわる取り組みとして、厚生労働省による「国民健康づくり対策」が1978 年から行なわれてきた。

　1978 年「第 1 次国民健康づくり対策」では、健康診査の充実、市町村保健センター等の整備、保健師、栄養士等のマンパワーの確保に重点をおいた取り組みを行なった。

　1988 年「第 2 次国民健康づくり対策——アクティブ 80 ヘルスプラン」では、運動習慣の普及に重点をおいた対策を展開し、運動指針の策定や健康増進施設の推進などを行なった。

　2000 年「第 3 次国民健康づくり対策——21 世紀における国民健康づくり運動（健康日本 21）」では、一次予防を重視し、健康づくりのための環境整備を行なった。また、健康増進法や医療制度改革関連法など健康

や医療に関する法律が制定された。

　そして、2012 年から現在に至る「第 4 次国民健康づくり対策——健康日本 21（第二次）」が展開されている。

　健康日本 21（第二次）では、生活習慣および社会環境の改善を通じて、子どもから高齢者まで全ての国民が、共に支え合いながら希望や生きがいをもつことを目指す。また、ライフステージ（乳幼児期、青壮年期、高齢期など人の生涯における各段階）に応じて、健やかで心豊かに生活できる活力ある社会の実現を目指す。その結果、社会保障制度が持続可能なものとなるよう 2013 年から 2022 年度までの間で取り組まれる。主に健康寿命の延伸と健康格差の縮小、生活習慣病の発症予防と重症化の予防、健康を支え、守るための社会環境の整備などが展開されていく。

　健康寿命の延伸について、2019 年に厚生労働省は健康寿命延伸プランを発表した。2040 年までに、男女ともに健康寿命を 75 歳以上とすることを目指している。

【引用・参考文献】

　一般財団法人厚生労働統計協会『国民衛生の動向 2019/2020』2019 年

　一般財団法人厚生労働統計協会『平成 29 年人口動態統計』2019 年

　岸玲子監修・小泉昭夫・馬場園明・今中雄一・武林亨編『NEW 予防医学・公衆衛生学改訂第 4 版』南江堂、2018 年

　厚生労働省編『厚生労働白書〈平成 30 年版〉』2019 年

　総務省統計局編『世界の統計〈2018〉』2018 年

（川田憲一）

第**3**章
現代社会における子どもの健康に関する現状と課題

第**1**節 »» 子どもの健康を社会システムの中で捉える

　子どもの健康をめぐる環境、特に保健情報、医療サービスへのアクセスの良さはここ数十年、飛躍的に改善している。ところが、そのような情報環境の改善、医療サービスへのアクセスの恩恵を、全ての子どもたちが享受しているわけではなく、そのような恩恵を受けていない層が存在している。この問題は、近年、子どもの貧困という問題として議論されてきた。

　子どもの健康をめぐる環境は、必ずしも理想的な方向へのみ変化してきたわけではない。子どもを取り巻く生活・居住環境は、技術の開発・普及と共に、新しい「有害環境」にさらされているとも言える。

　ただし、新しい「有害環境」は、私たちが近代成熟社会におけるライフスタイルを捨て去ることができない以上、根絶することはできない（近代成熟社会とは、高度経済成長を経験して一定の経済的豊かさをすでに実現した社会のことである）。子どもを取り巻く環境のうち、何を「有害」と見なすかは、その時代に支配的な科学的見地、あるいは大人世代に共有される価値観や規範などの「常識」によって左右される。現在の子どもの生活・居住環境、それは子どもの発達環境でもあるのだが、それは、現代の社会システムを支える価値観が生み出した一つの帰結でもある。

　そのため、子どもの発達環境の「善し悪し」を議論するときには、我々保育関係者は、現代の社会システムを支える価値観や規範などの文化的・歴史的背景にも目を配らなければならない。子どもの発達環境を、

単に「保育所」や「家庭」「地域」だけを捉えて狭く見るのではなく、政治、経済、文化など様々なマクロなシステムの働きの中で捉える俯瞰的な視点をもつことが、保育者には求められている（システム論的思考）。

第2節 »» 子どもの発育の改善

　第二次世界大戦後、一貫して、子どもの体格（身長・体重）は向上の一途をたどってきた。栄養状態の改善がその大きな理由である。1950年度には、5歳男児の平均身長は 108.4cm だったのが、2016 年度には 116.5cm にまで向上、平均体重も 1950 年度には 18.5kg であったのが、2016 年度には 21.4kg にまで増加した。このような半世紀以上に及ぶ体格の改善は、学童期全体にわたって、男女共に見られる。ただ、身長については 1990 年代以降大きく変化せず、ほぼ伸び止まった。というのも、戦後間もなくは劣悪だった栄養状態が改善され、生得的な発育の限界近くまで成長することが可能になる子どもが増加したからである。

　肥満傾向児は、小学校男子が 10.0％、同女子が 7.7％、中学生男子が 7.7％、同女子が 6.6％。いずれも男子の方が肥満傾向児が多く、小学生よりも中学生の方が肥満傾向児は少ない。6 歳男子の肥満傾向児は、1980 年の 2.64％から 2006 年の 4.80％へ増加、この増加傾向は、女子でも同様である。同時に、11 歳、14 歳でも同様の増加傾向が見られる。男女ともに、中度肥満は、大都市、中核市よりも、町村、僻地の方が多いなど、地域差が見られる。同時に、痩身傾向児は、6 歳では男女とも、1977 年から 2006 年まで大きな変化はないが（男子 0.57％→0.67％、女子 0.48％→0.62％）、12 歳児では男女とも増加している（男子 1.23％→3.83％、女子 2.06％→3.92％）。痩身傾向児の割合は、増加傾向が続いており、特に女子よりも男子にその傾向が顕著である。

　体格の向上に連動するように、子どもの体力も向上傾向にある。体力

テストの結果は、男女ともに、1999 年度から 2016 年度にかけて、6 歳から 19 歳までの全ての年齢で、点数が向上している。種目別に見ると、向上傾向にあるのが 50 メートル走である。一方で、1964 年に比べて低下傾向にあるのが握力、ソフトボール・ハンドボール投げ（投擲力）である。「モノを投げる」という動作をする経験の減少を物語っている。

　身体能力の低下に関して特筆すべきことに、裸眼視力の低下がある。6 歳児の 1977 年の裸眼視力 1.0 未満児は、17.52％であったが、2017 年には 20.64％と大きな変化はない。しかし、12 歳児では、1977 年には 25.35％であったものが、2017 年には 51.19％と増加しており、この低下傾向は児童の年齢が上がるほど顕著になる。2017 年の東京都教育委員会の調査では、東京西部の市部よりも、東京東部の 23 区、特に文京区、千代田区、港区などの湾岸に近いエリアで視力不良児の割合が高いことから、視力低下に及ぼす生活環境要因があることが推察される。

第3節 ≫≫ 子どもを取り巻く保健環境の改善

　日本における新生児死亡率の低さは先進国でトップレベルである。死産率（自然死産率、人工死産率を含む）は、1960 年代の後半から一貫して低減傾向にあり、1970 年に 65.3 であった死産率は 21.0 まで 3 分の 1 程度に低下している。同様に、母親の周産期死亡率も、1980 年の 20.2 から 2016 年の 3.6 へと激減している。ただし、出生時の平均体重は、男女ともに、1960 年から 2016 年にかけて大きな変化はない。ただ、2500 グラム未満の低出生体重児の割合は、1960 年の 7.08％から、2016 年の 9.43％へと上昇している。複産児の出生割合は、1970 年の 1.05％から 2016 年の 1.98％へとほぼ倍増している。体外受精・胚移植などによる出生児数は、1993 年の 3,554 から 2015 年の 51,001 へと激増した。全出生児数に対する割合も 0.30％から 5.07％へと激増している。

　一方で、人工妊娠中絶件数も激減している。1955 年に 117 万件以上であった件数が、1990 年には 45 万 6,000 件余りとなり、2016 年には 16 万 8,000 件余りにまで減少した。

　子どもの死因を見ると、0 歳児では、1980 年代から 2010 年代まで、一貫して 1 位が先天異常、ないしは先天奇形である。1 〜 4 歳児では、1980 年代から 2000 年代初頭までは 1 位が不慮の事故であったが、2010 年代からは先天奇形が 1 位となった。5 〜 9 歳でも同様の変化が見られ、1980 年代から 2000 年代までは不慮の事故が 1 位だったが、2010 年代からは悪性新生物が 1 位となっている。

　交通死亡事故の件数も、0 歳、1 〜 4 歳、5 〜 9 歳の全ての年齢段階で激減している。1 〜 4 歳では、1985 年には 312 件の死亡事故が、2016 年には 28 件へ、5 〜 9 歳では、1985 年には 362 件であったのが、2016 年には 34 件へと激減した。この傾向は、学童期後期以降も同様である。歩道の整備や、自動車の安全機能の向上などが背景にあると考えられる。

　疾患としては、虫歯（う歯）の有病率も減少している。1999 年における 2 歳児の乳歯の虫歯有病率は 21.5％であったが、2011 年には 7.5％へ減少、5 歳児においても 63.95％から 50.0％への減少である。背景には、歯科医師の急増や、虫歯の原因となる口内細菌の伝染に関する情報が普及したことなどがある。

　子どもの保健環境の改善は、小児医療体制の改善と切り離して論じることはできない。例えば、1980 年に 7,300 人余りであった小児科医は、2016 年には 17,000 人近くへと 2 倍以上に増え、産婦人科医も、1980 年の 8,400 人余りから 10,800 人余りへと増加した。

　一方で、「文明病」ともいうべきアレルギーの増加傾向が見られる。アレルギー性鼻疾患罹患率は、東京都では 1998 年、6 歳で 4.99％だったのが 2017 年には 12.77％、12 歳でも 1998 年の 6.68％から 18.64％と増加している。喘息（ぜんそく）患者の数も増加している。1980 年に、6 歳児で 0.47％、12 歳児で 0.47％だった喘息罹患率は、2017 年には 6 歳児 4.05％、12 歳

児2.82％に増加している。ただし、治療薬の進歩に従い、喘息重症児の数は減り、軽症児の数が増えたことが数の増加に反映していると考えられ、一概に、罹患率の増加が喘息管理状況の極端な悪化を示しているわけではない。一方で、同じく東京都でアレルギー性皮膚疾患の被患率は、同時期で大きく変化はしていない（6歳児、1997年4.05％、2015年5.14％）。

　アレルギー罹患率は、アレルギーの原因物質（アレルゲン）への被曝量に影響を受けると考えられ、住居環境の密室化、マンション家庭の増加など、閉鎖的状況でハウスダストなどのアレルゲンにさらされ続けることが、罹患率上昇の背景にあると考えられる。

第4節 »» メディア環境の変容

▶ 1　映像メディアの普及

　メディア学者のポストマン（Postman, N. 1931 ~ 2003）が、映像メディアの登場により、「子ども期の消滅」がもたらされると指摘したのは1982年であった。彼によれば、中世以降、ヨーロッパ社会においては、文字の読み書き能力の有無が「おとな」と「子ども」を分けていた。つまり、読み書き能力をもち、出版メディアに接触しうるのが「おとな」であり、読み書き能力をもたないのが「子ども」であった。ところが、20世紀以降、映像メディア、特にテレビが普及すると、それまで「子ども」が近づき得なかった「おとな」の「秘密」、性や暴力に関する情報に、子どもは簡単に接することが可能になる。つまり、映像メディアの普及は、「おとな」と「子ども」の違いを消し去ってしまったというのである。映像メディアは、今日、個人がもつ携帯端末、スマートフォン（スマホ）の普及によって、極限まで行き渡ったように見える。現在においては、「おとな」にしかアクセスできない文化などはもはや存在

せず、子どもが享受する生活様式と、成人が享受する生活様式の差は縮小しているように見える。

テレビ視聴時間の変化を見ると、幼児（2〜6歳）のテレビ視聴時間は、2002年に2時間34分だったのが、2016年には1時間40分にまで短縮している。その一方で、母親が、幼児と過ごす時間中にパソコン・携帯電話を使用する時間は、母親の年齢が低くなるにつれて長くなる傾向がある。35〜40歳の親では、幼児と過ごす時間中にパソコン・携帯電話の使用は「していない」が27％であるが、25〜30歳の親では「していない」が13％に、20歳未満では5％になっている。1歳児のスマートフォン利用頻度は、2014年には81.8％が「ほとんど使わない」であったのが、2016年度にはその割合は66.6％にまで減少している。

▶ 2　スマートフォン（携帯端末）の普及

テレビ視聴時間の減少は、スマートフォン（スマホ）を介したネット環境へのアクセスのしやすさと表裏一体のものかもしれない。利用状況を見ると、小学生のスマホ・携帯電話の所有・利用状況では、2010年には20.9％だったが、2016年度には50.4％にまで増加している。2016年には、小学校3年生頃までには半数以上の子どもがインターネットの利用経験をもつようになる。小学生でインターネットの利用割合は2016年に61.8％、中学生では82.2％、高校生では96.6％となっている。

子どもたちがスマートフォンを介してインターネットのどのようなサービスを利用しているかを見ると、小学生では「ゲーム」が79.0％、「動画視聴」が60.5％、「コミュニケーション（メール、メッセンジャー、ソーシャルメディアなど）」が46.5％である。中学生では、「コミュニケーション（メール、メッセンジャー、ソーシャルメディアなど）」が84.1％で1位となり、「動画視聴」が75.6％、「ゲーム」が71.9％と続く。高校生では、「コミュニケーション（メール、メッセンジャー、ソーシャルメディアなど）」が92.3％、「動画視聴」が82.7％、「音楽視聴」が81.7％、「ゲー

ム」が71.4％と続く。年齢が上がるにつれ、コミュニケーションツールとしてのスマートフォン（携帯端末）の位置づけが強くなっている。

　携帯端末の形は変わったが、子どもをスマホ（携帯）で守るのか、それとも、子どもをスマホ（携帯）から守るのかという議論は、現在も続いている。「子どもをスマホで守る」という考えは、スマホのGPS機能で子どもの所在を家族が知り、SNSを通じて随時子どもと連絡が取れるというメリットを強調する。「子どもをスマホから守る」という考えは、スマホを介してインターネットに接続することが、子どもを対象とした犯罪の温床になるという懸念から生じる。例えば、児童ポルノ禁止法違反件数を見ると、インターネットを介した児童ポルノの送致件数は、2007年の192件から2016年の1,368件に急増している。

第5節 ▶▶▶ 「子どもの貧困」がもたらす健康への影響

　2000年代に入ってから、日本における「子どもの貧困」がさかんにメディアに取り上げられるようになり、社会問題として認識されるようになった。子ども期における「貧困率」が、高齢者を除くそれ以外の世代よりも高いというのである。「貧困率」とは、ある社会での手取りの世帯収入の中央値のおよそ半分以下の世帯の割合である。日本の子どもの貧困率は1990年代から上昇傾向にあり、2015年の17歳未満の子どもの貧困率は13.9％である。およそ7人に1人の子どもは貧困状態にある。特に、母子世帯の貧困率が66％（2004年）と突出して高い。日本におけるひとり親世帯の貧困率は58.7％と、OECD（経済協力開発機構）加盟国の中で最も高い。

　子育て世帯の貧困が、子どもの学業成績や学歴、将来への希望に悪影響を及ぼすことは、社会学的研究が明らかにしてきた。例えば、小学校5年生の学習塾への通塾率も、生活困難度別で差がある。貧困層では

68.3％が通っていないが、一般層では通っていないのは43.4％である。

　貧困の悪影響はそれにとどまらず、子どもの健康にも及んでいる。例えば、生活困難度別で見ると、予防接種の未接種割合が異なる。水疱瘡（水痘）の予防接種の未接種の割合は、一般層の小学校5年生では41.0％だが、困窮層では62.1％に増加、同様に、おたふくかぜ（流行性耳下腺炎）の予防接種未接種割合は、一般層の小学校5年生では30.0％だが、困窮層では48.4％に増加している（2017年、東京都）。この格差は、子どもの感染症への罹患状況に影響を及ぼすはずである。

　精神疾患への罹患リスクも、貧困世帯では上昇する。生活困難度別で見ると、中学校2年の抑うつ（鬱）傾向をもつ児童の割合が異なり、一般層では抑うつ傾向は20.1％であるが、困窮層では30.9％に増加する。孤独感を感じる割合も同様であり、一般層の中学校2年生で「孤独を感じる」のは8.5％だが、困窮層では15.8％に増加する。このことは、貧困世帯の社会関係資本（他者とのつながり）の乏しさ、社会関係からの排除、切断が起こっていることの反映であると考えられる。

【引用・参考文献】

　愛育研究所編『日本子ども資料年鑑2018』KTC中央出版、2018年

　子どものからだと心・連絡会議編『子どものからだと心白書2018』2018年

　全国保育団体連絡会・保育研究所編『保育白書2018』ひとなる書房、2018年

　ニール・ポストマン、小柴一訳『子どもはもういない〔改訂版〕』新樹社、2001年

（吉田直哉）

第4章

地域における保健活動と子ども虐待防止

第1節 »»» 保健行政施策と地域保健

► 1　保健行政施策とは

　国民の健康を保護・増進するために、国家および地方公共団体によって行われるのが保健行政施策である。日本の保健行政は大きく4系統に区分され、地域保健行政、産業保健行政、環境衛生行政、学校保健行政がある。この4系統の行政の所轄庁は厚生労働省、労働基準局、環境省、文部科学省である。

（1）地域保健行政

　地域保健行政は「地域に生活する住民の健康の保持増進」を目的としている。地域保健行政は、赤ちゃんからお年寄りまで様々な住民のニーズに応える必要があり、法律も地域保健法や健康増進法、その他様々な法律（衛生関係法規）がある。地域保健行政の業務は主に厚生労働省が担っており、厚生労働省内でも様々な部局に分かれ、仕事を分担している。厚生労働省の仕事は厚生労働省設置法が定めている。

　また、都道府県が設置する大切な地域保健行政機関として保健所があり、仕事の内容は地域保健法が決めている。住民に接する市町村は、住民に保健サービスを提供し、住民の健康課題を解決する計画を作り、また計画の実施や評価を行う。市町村の住民の健康づくりをするのが、市町村保健センターの役割である。

(2) 産業保健行政

　産業保健行政は「労働者の職場における生活」を対象として、「労働者の安全と健康の確保」を目指している。

　職場環境については厚生労働省の労働基準局、また労働者の安全管理は厚生労働省の労働衛生部が担当している。産業保健行政の法律として、労働時間・休憩など基本的な労働条件や女性の労働などを決めているのが労働基準法である。また労働者の安全、業務上の疾病予防、健康の保持増進、快適な職場環境の形成などを決めているのが労働安全衛生法である。業務上の事由や通勤による労働者の負傷・疾病・障害・死亡などへの必要な給付は、労働者災害補償保険法で定めている。

　また、47 都道府県に労働局があり、その下に労働基準監督署、さらにハローワーク（公共職業安定所）がある。労働基準監督署は労働者の安全と健康の確保のため、事業場への指導や支援、労働災害で負傷した労働者に対する労働保険の給付等の仕事を行なっている。

(3) 環境保全行政

　環境保全行政は、地球環境は環境省、日常生活を取り巻く環境は厚生労働省、消費者被害や食品表示制度は消費者庁が担当している。

　大気・水質・土壌などの地球環境の破壊や、食品・廃棄物・水道・居住環境などの日常生活を取り巻く環境の悪化が人や生態系に与える悪影響を予防し、継続可能な社会にすることを目的としている。

(4) 学校保健行政

　学校保健行政は、文部科学省が担当し、学校保健安全法、学校給食法などの法律で定められている。児童・生徒・教職員の健康の保持増進を図ることにより、心身ともに健康な国民の育成を目的としている。

► 2　地域保健について

　地域保健は、様々な法律等に基づく多様な施策が関連しており、地域住民の健康の保持増進や、公衆衛生の向上のために、地域保健対策を推

進している。地域保健対策とは、地域がもつ各種の保健上の問題を解決していくことをいう。この地域保健対策の円滑な実施や総合的な推進を図ることを目的として、地域保健法が定められている。

　地域保健法は、地域保健対策の推進に関する基本指針、保健所の設置その他、地域保健対策の推進に関し基本となる事項を定めている。このことにより、母子保健法（昭和 40〔1965〕年法律第 141 号）その他の地域保健対策に関する法律による対策が、地域において総合的に推進されることを確保し、地域住民の健康の保持及び増進に寄与することを目的として制定された法律である。1947 年の制定時は保健所法という名称であったが、1994 年の改正で地域保健法となった。

　同法では、地域保健対策の推進の基本的な方向や、保健所および市町村保健センターの整備・運営に関する基本的事項など、地域保健に関わる重要な事項を定めている。地域社会は居住を中心とした社会集団である。また、保健とは予防、治療、リハビリテーションを包括した意味である。つまり、公衆衛生と臨床医学活動が地域において合体するところに、地域保健の概念が成立するのである。地域保健活動は、地域生活共同体の自発的、自主的な活動と行政機能によって構成され、地域社会の変化に対応することが要求される。

▶ 3　出生後の地域との関わりについて

　各自治体は、妊娠 届出（とどけで）や母子健康手帳の発行時から、育児環境を整え必要に応じて支援者を導入する必要がある。乳幼児期の成長・発達や、心と体の健康づくりが順調かを乳幼児診査でチェックを行ない、必要に応じて医療機関における個別委託検診や、保健所や市区町村の保健センターにおける集団検診がある。集団検診の代表的なものは、乳幼児健康診査、1 歳 6 か月児健康診査、3 歳児健康診査である。

　乳幼児健康診査は、母子保健法第 12 条及び第 13 条の規定に定められており、市区町村が実施した乳児の受診率は 80 ％を超える。

　保育所は、乳幼児健診や生後４か月までに家庭訪問を行なう「乳児家庭全戸訪問事業（こんにちは赤ちゃん事業）」など、自治体の母子保健事業や児童福祉事業を理解し、保護者に受診や訪問の受け入れを勧めるなど支援につながるようにすることが求められる。

▶ 4　保育所・保育士としての子どもとその保護者との関わり

　「保育所保育指針」では、「保護者からの情報とともに、登所時及び保育中を通じて子どもの状態を観察し、何らかの疾病が疑われる状態や傷害が認められた場合には、保護者に連絡するとともに、嘱託医と相談するなど適切な対応を図ること。看護師等が配置されている場合には、その専門性を生かした対応を図ること」（第３章 -1-(1) イ）と明記している。このため、必ず保護者に連絡をし、情報交換をして、子どもの健康を守る必要がある。

　また、感染症の予防のために、「感染症やその他の疾病の発生予防に努め、その発生や疑いがある場合には、必要に応じて嘱託医、市町村、保健所等に連絡し、その指示に従うとともに、保護者や全職員に連絡し、予防等について協力を求めること」（第３章 -1-(3) イ）と記されている。このため、保護者や職員だけではなく、地域との連携が必要となる。

第2節 ≫≫ 児童虐待と保育所・保育士の役割

▶ 1　児童虐待の定義

　マスコミ等の報道で伝えられる子ども虐待は、残虐なケースが多いが、実際には特定の家庭で発生するものではなく、どのような家庭でも発生する可能性がある。保護者の性格や資質、成育歴、育児環境や地域や社会の時代的変化など、子育て家庭に影響するものは多岐にわたる。また、

図表 4-1　児童虐待の分類と定義

身体的虐待	殴る、蹴る、叩く、投げ落とす、激しく揺さぶる、やけどを負わせる、溺れさせる、首を絞める、縄などにより一室に拘束する、など
性的虐待	子どもへの性的行為、性的行為を見せる、性器を触る、または触らせる、ポルノグラフィの被写体にする、など
ネグレクト	家に閉じ込める、食事を与えない、ひどく不潔にする、自動車の中に放置する、重い病気になっても病院に連れて行かない、など
心理的虐待	言葉による脅し、無視、きょうだい間での差別的扱い、子どもの目の前で家族に対して暴力をふるう（ドメスティック・バイオレンス：DV）、きょうだいに虐待行為を行う、など

出典：厚生労働省ホームページを基に筆者作成

被虐待経験により、脳に重大な影響を引き起こし、成人後の生活に大きく影響することがわかっている。保育士は虐待の早期発見も含め、予防や育児支援など幅広く理解する必要がある。

　児童虐待は「児童虐待の防止等に関する法律（以下、児童虐待防止法）」によって定義されている。なお、児童虐待は4つの行為類型に分類されている（**図表4-1**）。

▶ 2　保育所・保育士の役割

　「保育所保育指針」は、子どもと保護者、それぞれへの対応を明記している。まず、子どもについては、「心身の状態等を観察し、不適切な養育の兆候が見られる場合には、市町村や関係機関と連携し、（中略）適切な対応を図る」。また、「虐待が疑われる場合には、速やかに市町村又は児童相談所に通告し、適切な対応を図る」（第3章-1-(1)ウ）とある。

　そして保護者には、「不適切な養育等が疑われる場合には、市町村や関係機関と連携し、要保護児童対策地域協議会で検討するなど適切な対応を図る」。また、「虐待が疑われる場合には、速やかに市町村又は児童相談所に通告し、適切な対応を図る」（第4章-2-(3)イ）とある。それぞれ、他機関との連携が重視されているのである。

▶ 3　虐待の判断をするうえで最優先すること

　虐待であるかどうかは、子どもの側に立って判断しなければならない。児童相談所が児童福祉法（第33条）に基づき一時保護を実施する場合も、子どもの安心・安全が脅かされていないか、その程度によって判断がなされている。

　しかし、子ども家庭相談においては、主たる相談者が子どもであることはまれで、ほとんどは親・養育者である。そのため、支援者側は、親・養育者の意向に沿った支援方針を立ててしまいがちである。

　子どもの状態や状況を、子ども虐待の視点からアセスメントする際のポイントについては、多くの自治体等がチェックリスト等を作成し、関係者に配布している。例えば、子どもが保護者を恐がっている、不自然に子どもが保護者に密着している、子どもの緊張が高い、子どもに無表情・凍りついた凝視が見られる等が、一般的なポイントになる。アセスメントは、子どもの状態を確認したうえで、保護者の様子や生活環境の調査等から総合的に支援方針が判断できるよう行なわれている。

▶ 4　子どもから話を聴くことの重要性

　個別事例では、子どもの年齢や発達状態等への配慮を前提に、可能な限り、子どもから直接話を聴くことが、子どもの安心・安全を確認するうえで必要である。特に性的虐待の事例において、それは重要になってくる。性的虐待のほとんどは、家庭内の密室で起きる。加害者が虐待行為を告白しない限り、密室で起きたことを明らかにできるのは、被害を受けた子どもの告白や語りだけである。多くの子どもは様々な要因から、性被害事実を詳細に話すことが難しい状態、状況に置かれている。

　虐待を受けた子どもの年齢構成を見ると、乳幼児の割合が高い傾向にあり、主たる虐待者の半数以上が実母である。身近にいる大人や支援者が、子どもから事実内容を正確に聴き取ることは、子どもの安心・安全

と最善の利益を守ることにつながる。

　性的虐待対応の課題は、子どもからのかすかな発信を見のがさずに、話を聴きとることの困難さにある。近年、このことが子どもに接する支援者の間で共有されはじめ、多機関連携・協働の必要性が改めて認識されているところである。また、子どもから話を聴き取る際に、大人はつい暗示や誘導、教唆(きょうさ)等に陥りがちである。それを避ける面接法の導入も始まり、児童相談所、警察、検察、家庭裁判所等で子どもで面接を担うスタッフの研修と実践が取り組まれている。

第3節 »»» 地域における虐待防止システム

▶ 1　要保護児童対策地域協議会の設置

　2004 年の児童福祉法改正により、「要保護児童対策地域協議会」(子どもを守る地域ネットワーク) の設置が法的に位置づけられた。翌年の厚生労働省雇用均等・児童家庭局長通知「要保護児童対策地域協議会設置・運営指針について」では、「虐待を受けている子どもや要保護児童の早期発見や適切な保護、非行児童への適切な対応を図るために、関係機関がその子ども等に関する情報や考え方を共有し、適切な連携の下で対応していくことが重要」と述べている (厚生労働省、2005)。多数の関係機関の円滑な連携・協力を確保するためには、責任体制の明確化と、関係機関における情報共有の関係の明確化が必要とされたのである。

　また、第2節で述べた現状を踏まえ、要保護児童対策地域協議会の対象となる子どもは、虐待を受けた子どもに限られず、要支援児童とその保護者、特定妊婦まで範囲を広げ、支援を行なうこととされている。

　安心・安全が脅かされている子どもが地域で発見された場合、個別の事例ごとに様々な機関や専門職が連携・協働しながら、虐待の再発防止

や子どもの最善の利益を図るための支援に取り組む。また、子どもが親・家族・地域から分離され、施設入所に至った場合、ほとんどの事例で親子関係再構築、家族再統合が目標とされる。そこでは、子ども・家族と、支援者（児童相談所、児童福祉施設などの支援機関等）が協働して、子どもの安心・安全を考える取り組みがなされなければならない。

▶ 2　要保護児童対策地域協議会の構成員

　要保護児童対策地域協議会の構成員は児童福祉法に、「関係機関、関係団体及び児童の福祉に関連する職務に従事する者その他の関係者」（第25条の2の第1項）と定められている。地域の実情に応じて幅広い者を参加させることが可能である。

【引用・参考文献】

厚生労働省雇用均等・児童家庭局長通知「要保護児童対策地域協議会設置・運営指針について」2005（平成17）年2月25日

厚生労働省「子ども虐待の手引き」
https://www.mhlw.go.jp/bunya/kodomo/dv12/00.html（2019.09.15最終アクセス）

才村純、加藤博仁 編著『子ども家庭福祉の新展開』（保育・教育ネオシリーズ）同文書院、2019年

『新保育士養成講座』編纂委員会編『子どもの保健』（新保育士養成講座第7巻）全国社会福祉協議会、2015年

「児童虐待の防止等に関する法律」
https://elaws.e- gov.go.jp/search/elawsSearch/elaws_search/lsg0500/detail?lawId=412AC1000000082（2019.09.15最終アクセス）

「保育所保育指針（平成29年告示）」厚生労働省、2017年

（三田侑希）

第5章

身体発育および運動機能の発達と保健

第1節 »»» 身体発育の過程と影響要因

► 1 「発育」と「発達」

子どもが大人に変化していく過程を「発育」という。これには、身長や体重の増加といった身体の形態的な発育を表す「成長」と、歩く・話す・笑うといった機能的な発育を表す「発達」（例：運動発達・言葉の発達・心の発達）がある。

乳幼児期の最も大きな特徴は、発育が顕著なことである。

発育の把握法としては、定期的に身長や体重等を計測し、前回の計測結果と比較し、あわせて肥満ややせの状態も調べる方法が効果的である。

► 2 体重の発育過程

正期産児の出生体重は平均2900g台で、男児のほうが少し多い。出生直後に少し減少し（生理的体重減少出生体重の10%以内）、10日程度でもとに戻る。4か月で出生時の約2倍、1歳で約3倍になる。短期間の栄養状態や体調の影響を受けやすいので、健康指標になる。

► 3 身長の発育過程

正期産児（妊娠37週から41週までに生まれた子ども）の出生身長は約50cm、1歳で出生時の1.5倍になる。以後増加率は低下し、4歳で2倍になる。思春期には、成長ホルモン・性ホルモンの影響により第2次成長スパー

トと呼ばれる急上昇が再度見られる（女子は 11 歳頃、男子は 13 歳頃）。

　乳幼児期急上昇、前思春期緩徐、思春期急上昇という 3 つの成長パターンが認められるのが特徴である。身長の発育過程には、短期間の栄養状態や体調の影響を受けにくいため、何らかの病的要因が潜んでいる可能性の指標になる。

▶ 4　身体発育の影響要因

（1）出生前

　胎生 8 週までの急激に分化が生じている間は母体の栄養不足、化学物質・放射線の作用、感染症等の影響を受けやすい。

（2）出生後

　栄養摂取の質と量が、最も大きく発育に作用する。母乳栄養児は、人工栄養児と比べて体重増加が緩やかである。乳幼児が 1 回に食べられる食事量は限られているため、3 回の規則正しい食事と必要に応じた補食が重要である。

　なお、先進国や都市部では、身体発育の早期化・加速化現象が認められており、精神的安定や骨発達に大きな役割を果たす成長ホルモンは、睡眠時および運動時に多く分泌されるため、適度な睡眠と運動は身体発達にプラスに働く。

第2節 ⫸ 運動機能の発達

▶ 1　運動機能（随意運動）の発達の基本原則

　胎生 5 〜 6 か月より発達する生命維持の役割をもつ原始反射は、随意運動の発達に伴い、生後 2 〜 4 か月頃から消失をはじめる。

　随意運動の発達には、次の 6 つの基本原則がある。

（1）感覚器、神経系の成熟度に従う

感覚器からの情報が、感覚神経を介して大脳へ送られると、運動が計画される。情報が運動神経を介して骨格筋に命令が伝えられ、運動が起こる。

（2）連続性および順序性がある

発育には順序性があり、基礎的な動作を獲得してから次の運動を獲得する。

（3）方向性がある（図表 5-1）

①頭部から下部へ
②中枢から末梢へ
③粗大運動から微細運動へ

（4）ある特定の運動を獲得するのに決定的に重要な時期(臨界期)がある

臨界期とは、その時期に発育現象が起こらないと、将来その能力を獲得できない期間のことである。

特に、発達にとって胎生 8 週までが最も重要なので、この時期の母体の状態が大きく関与する。

（5）性差がある

一般に、女児の方が男児より発達が早い。

図表 5-1　運動機能の方向性

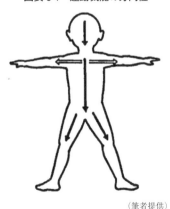

（筆者提供）

　男児は、走・投・跳のような筋力を伴うものに優れているが、バランス能力やスキップなどの神経支配能力は、女児の方が早く発達する。

(6) 個人差がある

　出生直後からの母子相互作用や運動経験が関係する。発育の中でもとりわけ、運動発達と心の発達における個人差は著しい。

▶ 2　運動発達の評価

　運動機能、精神機能を分けて評価することは難しいので、双方を総合的に見ていく必要がある。

　発達の遅滞や障害を、早期かつ簡便にスクリーニングし、発見する発達スクリーニング検査として代表的なのが、改訂日本版デンバー式発達スクリーニング検査である。生後16日から6歳までを対象に、普通に見える子どもに対して実施して、発達的に障害のある可能性の高い子どもを抽出することが目的である。乳幼児の発達について個人―社会、微細運動―適応、言語、粗大運動の4領域、104項目から全体的に捉え、発達的問題があるかを見極め、早期からの支援に結び付けるための手掛かりとすることができる。

第3節 ≫≫ 発育評価

▶ 1　身体発育と個人差

　乳幼児の身体発育は著しく、個人差も大きいうえに多くの因子の影響を受ける。身長や体重は経時的変化で評価することが必要である。また、肥満度については、周囲の子どもと比較したり、身長と体重のバランスをみるなど、複数の尺度を組み合わせて評価する必要がある。

図表5-2　成長曲線

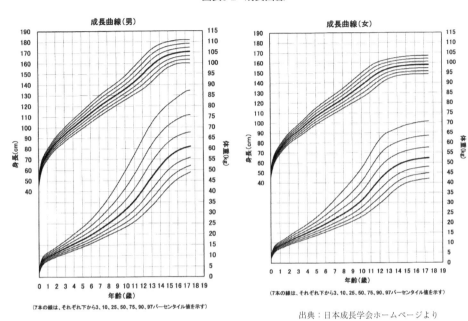

（7本の線は、それぞれ下から3、10、25、50、75、90、97パーセンタイル値を示す）

出典：日本成長学会ホームページより

図表5-3　パーセンタイル曲線（乳児の体重の身体発育曲線〔男／女〕）

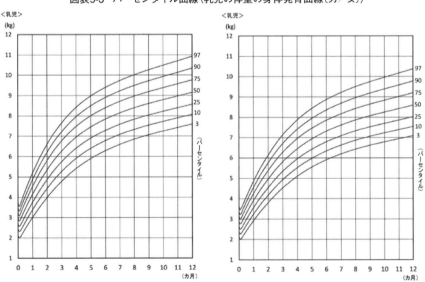

出典：厚生労働省ホームページより

▶ 2 成長曲線

　成長曲線とは、身体発育の程度について、横軸に年齢を、縦軸に調べたいデータ（例えば身長・体重）をとり、経時的に評価した曲線である（**図表 5-2**）。データが集団の標準的な値からどの程度外れているかの評価法により、2つに分類される。

(1) 標準偏差曲線

　SD とは、標準偏差（Standard Deviation）のことで、平均値からどれだけ離れているかという幅を表している。± 2SD の間に約 95% の人が入り、この範囲内なら正常と考える。体重など正規分布しないデータの信頼性は低い。

(2) パーセンタイル曲線（図表 5-3）

　データの分布状況は問わず、何%の人がこの値よりも下に存在するか

図表 5-4　評価基準

指数	対象	大まかな評価基準		計算式
カウプ指数	乳幼児	22 以上	太りすぎ	$\dfrac{体重（g）}{身長（cm）^2} \times 10$
		22 〜 19	優良または肥満傾向	
		19 〜 15	正常	
		15 〜 13	やせ	
		13 〜 10	栄養失調	
		10 以下	消耗症	
ローレル指数	学童期	100 未満	やせすぎ	$\dfrac{体重（kg）}{身長（cm）^3} \times 10^7$
		140 付近	標準値	
		160 以上	肥満	
肥満度（%）	幼児、学童	+ 30 以上	太りすぎ	$\dfrac{実測体重（kg）- 標準体重（kg）}{標準体重（kg）} \times 100$
		+ 20 〜 + 30	やや太りすぎ	
		+ 15 〜 + 20	太りすぎ	
		+ 15 〜 − 15	普通	
		− 15 〜 − 20	やせ	
		− 20 以下	やせすぎ	

出典［つばみクラブホームページ］を基に筆者作成

という点を連ねた曲線である。

　例えば、3 パーセンタイル上なら、同日に生まれた同じ性別の子ども
が 100 人集まったと仮定して、下（例えば、身長なら低い、体重なら軽い）
から 3 番目に当たることを意味する。平均なら 50 パーセンタイルとなる。
正規分布していなくてもよいので様々なデータの評価が可能だが、極端
にはずれたデータ（例えば、高身長・低身長・高体重・低体重など）の信頼
性は低い。

（3）日本の成長曲線

　乳幼児身体発育調査は、厚生労働省（0 歳〜5 歳）および文部科学省（6
歳〜17 歳）が、10 年ごとに実施している。

　2019 年現在、2010 年に発表された身体測定値データ（2010 年度データ）
から、乳幼児身体発育曲線を作成し、2012 年度からの母子健康手帳に
掲載している。**図表 5-3** で挙げたパーセンタイル曲線は、乳児の体重の
発育曲線である。

▶ 3　肥満度

肥満度は、以下の指数により判断する。

（1）肥満度＝｛（実測体重－標準体重）／標準体重｝× 100（%）

　標準体重 [kg] =（身長 [cm] － 100）× 0.9

（2）身長と体重から肥満度を算出する体格指数

　①カウプ指数 = 体重（g）÷ 身長（cm）^{2} × 10

　　カウプ指数の対象は、幼児（3 か月〜5 歳）である。肥満の判断
　　基準となる値が成長段階に応じて調整される。

　②ローレル指数 = 体重（kg）÷ 身長（cm）^{3} × 10^7

　　ローレル指数の対象は、学童（小・中学生）である。

　それぞれ、評価基準を確認してほしい（**図表 5-4**）。

（3）幼児身長体重曲線（肥満度判定曲線）

縦軸に体重を、横軸に身長をとり、身長と体重から肥満度区分を判断

する（図表 5-2）。

（4）乳児期の肥満度の扱い

　乳児期では、月齢によって体重および身長と体重の関係が大きく変わるため、幼児期のような相関式を作成できない。また、乳児期に体重が多くても、運動機能の発達にしたがって、体重が標準に近づくことが多いので標準体重は定義されず、肥満という体格区分は使わない。

【引用・参考文献】

伊藤直樹『胎児・新生児の発達と薬、医薬ジャーナル』43、pp.2895-2899. 2007 年

J. ウィニック『子どもの発達と運動教育』大修館書店、2000 年

加藤裕久編『ベッドサイドの小児の診かた』南山堂、2001 年

田中敏章『成長の機構とその制御小児内分泌学日本小児内分泌学会編』診断と治療社、2009 年、pp.169-175.

厚生労働省「乳幼児身体発育調査：調査の結果」
　https://www.mhlw.go.jp/toukei/list/73-22b.html#gaiyou

医療コミュニティつぼみクラブ「パーセンタイル値について」医教
　https://www.ikyo.jp/commu/question/1142

（金井玉奈）

第6章

生理機能の発達と保健

第1節 »»» 子どもの臓器と機能

　それぞれの臓器には役割があり、子どもの発育過程が段階を踏むように、臓器の発育も段階を踏んでいく。

► 1　神経系

　神経系の主な役割は①環境（身体の内・外界）に関する情報を正しく取り入れる、②取り入れた情報が自分にとってどのような意味を持つか判断し、かつ必要な対応策を決定する、③実行する、④創造・遊びなどの機能、である。

　神経系は中枢神経系と末梢神経系に分けられる（**図表 6-1**）。末梢神経は、機能的には運動や感覚に関与する。外部からの刺激を中枢を通して骨格筋に伝える運動神経と、外部からの情報を中枢に伝える感覚神経に分けられる。

図表 6-1　神経系の区分

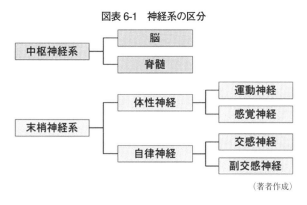

（著者作成）

図表 6-2　脳の構造

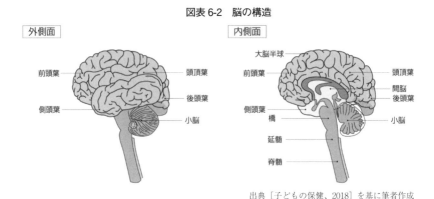

出典［子どもの保健、2018］を基に筆者作成

脳はおおまかに 3 層からできている（**図表 6-2**）。

　まず、上層（大脳新皮質＝人間を特色づける知性の中枢）、中層（大脳辺縁系＝本能や感情の中でも特に欲求などの本能、喜怒哀楽などの感情を司る位置づけ）、下層（脳幹＝生命の維持に必要な心臓、呼吸、体温調節などの機能）である。

　脳の重量は出生時に約 350 g で成人の約 25％であり、生後急速に増加して 3 歳で約 80％、6 歳で 90％に達する。大脳新皮質の約 140 億個の脳細胞（神経細胞）の数は、出生時にほぼそろっていて増えない。6 歳でほぼ成人に近いところまで発達している。

▶ 2　呼吸器系

　胸郭（脊椎、肋骨、胸骨で構成されている部分の総称）に取り囲まれ、守られているのが肺である（**図表 6-3**）。肺の大きな役割は体に必要な空気中の酸素を取り入れ、体内を回ってきた二酸化炭素を体外に排出し（肺呼吸）、新鮮な血液を作ることである。肺の内部では血液から細胞に酸素を与え、細胞から二酸化炭素を毛細血管内に取り入れて（細胞呼吸）ガス交換をしている。

　安静時は成人は 1 分間に 15 ～ 20 回ほどのペースで呼吸をしている。1 回の呼吸で吸う空気の量は約 400 ～ 500ml であり、1 分間に約 8 リッ

図表 6-3　肺・心臓の構造

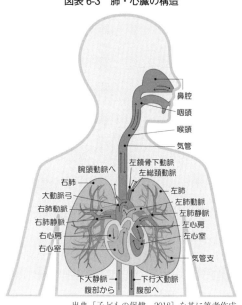

出典［子どもの保健、2018］を基に筆者作成

トル、1 日だと約 1 万 2,000 リットルの空気が必要である。

　胸郭を使った胸式呼吸、胸郭を使わず横隔膜を上下させる呼吸を腹式
呼吸と呼ぶ。実際の呼吸はこの二つの複合で行なわれる。乳児は胸郭が
軟弱で呼吸筋の発達が未熟なため、横隔膜の運動による腹式呼吸となる。
幼児期になると胸郭が発達し、胸式呼吸が加わって胸腹式呼吸になり、
学童期にはほぼ成人に近い胸式呼吸となる。発育が活発なため体重当た
りの酸素消費量が高い一方、肺機能が未熟なため、十分な酸素を保持す
るために多くの呼吸数を必要とする。

▶ 3　循環器系

　心臓は心筋という筋肉からできていて、左右の心房・心室の 4 室から
なる（**図表 6-3**）。成人で約 250 〜 350 ｇで握りこぶしよりやや大きい。

　ポンプ作用（送られてきた血液を受け入れて全身へ送り出す）により、左

心室から血液を拍出し、血管内を流れ、毛細血管で細胞に酸素や栄養素を供給し、二酸化炭素や老廃物を取り入れて再び右心房に戻ってくる。心臓に戻った血液は右心室から出て、肺でガス交換をして左心房に戻る。

　前者を体循環（大循環）、後者を肺循環（小循環）という。

　胎児の肺は呼吸機能を有していない。胎盤と「へその緒」と呼ばれる臍帯を介して母体の血液から酸素や栄養を受け取っている。これを胎児循環という。出生後、臍帯の血管閉鎖により肺呼吸を開始し、血液が肺循環に入る。その結果、胎内にいる間だけ血液循環のために開いている卵円孔が閉じ、正常な新生児の血液循環が行なわれるようになる。

▶ 4　消化器系

　体内には口から肛門に至る長い管状の消化管と、消化液を分泌する臓器を含めた消化器系があり、生体における栄養補給の役割を果たしている（図表6-4）。

図表6-4　消化器系の仕組み

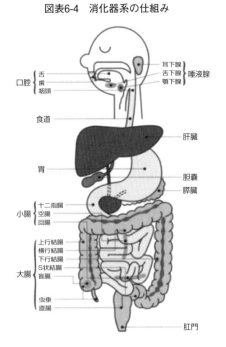

図表6-5　乳児の胃

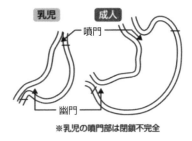

※乳児の噴門部は閉鎖不完全

出典
（2点とも）［子どもの保健、2018］を基に筆者作成

　消化器の機能は、①摂取した食物中のタンパク質、糖および脂肪の３大栄養素を酵素の作用により分解する消化機能、②消化を受けた栄養素、および水、ミネラル、ビタミンなどの生体に必要なものを体内に取り込む吸収機能、③消化と吸収が円滑に行なわれるために食物を細かく砕き、消化液と混ぜ消化と吸収を行ないながら肛門側へ運ぶ運動機能、以上からなる。

　乳児初期は、胃の形が縦長の筒状で、噴門部の閉鎖機能が十分に成熟していない（**図表6-5**）。そのため吐乳や溢乳（いつにゅう）が多く見られる。生後３〜４か月頃までには排気をさせる必要がある。幽門は十二指腸につながっている。

▶ 5　泌尿器系

　心臓から送られてきた血液に含まれる余分な水や老廃物は、腎臓で濾過（ろか）されて尿になる。尿は膀胱（ぼうこう）を通って体外に排出される。尿の生成と排泄（はいせつ）を行なう腎臓、尿管、膀胱および尿道からなる臓器を泌尿器という。

　腎臓は横隔膜の下、背骨の両側に一個ずつある。右の腎臓は、肝臓に上から圧迫されるため、左よりやや低い位置にある。大きさは握りこぶしよりやや大きい程度である。ここで１日に１〜1.5リットルの尿が作り出される。

　年齢が低いほど腎臓の尿の濃縮能が低い。そのために老廃物を尿に排泄する際に一緒に出ていく水分が多くなる。２歳以下の幼児、特に乳児が脱水になりやすい理由の一つである。

第2節 ≫≫ 体内機能の恒常性の発達

　生体は、体内環境を外部環境の変化に左右されることなく、体液の水分量や塩分量、浸透圧や酸、塩基などのバランス、体温、血液中のブド

ウ糖量などが安定した状態に保たれている。これを恒常性（ホメオスターシス）という。子どもは低年齢なほど新陳代謝が盛んであるが、臓器などは未熟なため成人と比較すると、数値が高いもの、低いものがみられる（**図表 6-6**）。

► 1 排泄機能

恒常性を保つために、栄養素などの摂取とともに代謝の結果生じた老廃物や分解産物など不要な物質を体外に排泄する。

基本的な生活習慣を健康行動として習慣化することが子どもにとって重要となり、主な指標として排泄機能の排便・排尿があげられる。

(1) 排便

新生児は胎内で飲み込んでいた羊水を胎便^{たいべん}として排泄する。胎便は出生後 2 ～ 3 日排泄される便で、乳汁を哺乳することにより混合便になって数日後には普通便となる。満 1 歳の誕生日過ぎの頃から排便を自覚し始め、ある程度コントロールができるようになる。

(2) 排尿

乳児の排尿回数は 1 日 15 ～ 20 回と多いが、成長とともに 1 回量が増えて回数が減少していく（**図表 6-7**）。排尿コントロールができるようになるのは 1 歳 6 か月頃なので、この時期がしつけの目安となる。

► 2 免疫機能

免疫とは本来「疫病から逃れることのできる状態」という意味である。

図表 6-6 主な生理機能の正常値

生理機能	乳児	幼児	成人
脈拍数(毎分)	120～140	80～120	60～80
呼吸数(毎分)	30～40	20～30	15～20
体温(℃)	36.0～37.4	35.5～36.9	
血圧(最高／最低)	100／60	120／80	
尿量(L／日)	0.2～0.5	0.6～1.0	1.0～1.5

出典［子どもの保健、2018］を基に筆者作成

図表 6-7　1 日の尿量と排尿回数

年齢	尿量(ml)	排尿回数
生後1日〜2日	〜60	
新生児	100〜300	18〜25
乳児	300〜500	15〜50
2歳	600〜700	10
5歳	600〜1000	7
10年	600〜1200	5〜7

出典［子どもの保健、2018］を基に筆者作成

免疫には受動免疫と能動免疫の 2 種類がある。

(1) 受動免疫

自分以外の個体産生された抗体によって得られる免疫のことである。主な種類に母子免疫がある。乳児は母体で作られた免疫グロブリン G（IgG）を胎生期に胎盤を介してもらいうける。これは出生後に減少していき、生後半年ほどはいろいろな感染症を予防する働きがある。また、母乳栄養児の場合、母乳中に免疫グロブリン A（IgA）が分泌されるため、乳児の感染症予防に役に立つ。

(2) 能動免疫

病原体の侵入などにより、生体で抗体を産生することによって得られる免疫のことである。病気の罹患や予防接種が方法である。出生後に免疫機能が成熟し、乳児は自然の感染や予防接種により免疫を得て抵抗力をつける。乳児にかかる恐れのある重症な感染症は、適切な時期に予防接種を受けておく必要がある。

► 3　水分代謝

体内に含まれる水分（体水分量）は、成人の場合、体重の約 60％である。新生児では約 80％、生後 3 か月では約 70％であり、子どもの体水分量は、成人に比べ多くなっている。体水分割合が多いことから、子どもは脱水になりやすい。摂取する水分量は飲料水、食物中の水分、代謝水（栄養素が体内で代謝されて生じる水分）になり、排泄する水分量は尿、不感蒸泄、糞便となる。

▶ 4　体温調節

　生体内部の温度を体温という。人の体表温度は外気温の影響を受けるが、生体内部の温度は比較的一定に保たれている。生体内部で産生した熱は血液を介して体表から放熱により体外に放出され、体温は一定に保たれている。

　子どもの体温は年齢が低いほど成人に比べて 0.5℃ ほど高い。これは新陳代謝が盛んであるためである。一方、高齢になるほど代謝機能の低下により体温はやや低くなる。

▶ 5　睡眠

　睡眠には、浅い眠りのレム睡眠と、深い眠りのノンレム睡眠がある。一般的に夢をみると言われているのは、レム睡眠の時である。新生児ではレム睡眠の割合が 50％ を占め、成長に伴って減少し、5歳頃には成人とほぼ同じ 20％ 程度となる。睡眠と覚醒のパターンは、新生児においては昼夜区別なく繰り返す多層性睡眠である。乳幼児においては、加齢に従って、睡眠を夜間に集中する二相性睡眠に落ち着き、その後は徐々に単相性睡眠になっていく。

【参考文献】

　安藤幸夫編『全図解からだのしくみ事典』日本実業出版社、1992年

　堺章著『目でみるからだのメカニズム』医学書院、2016年

　新保育士養成講座編纂委員会編『子どもの保健〔改訂3版〕』全国社会福祉協議会、2018年

　西田希監修『子どもの保健』キャリアカレッジジャパン、2018年

　真島英信『生理学』文光堂、2018年　　　　　　　　　　　　（西田　希）

第7章

健康状態把握および心身の不調等の早期発見

第1節 »»» 健康とは？

▶ 1 健康という状態

世界保健機関（WHO：World Health Organization）では、「健康とは、単に疾病がないとか虚弱でないだけではなく、身体的にも精神的にも、さらに社会的にも完全に良好な状態をいう」と定義されている。

つまり、健康とは、病気に罹らなかったり、けがをしなかったりという身体面の健康だけを言うのではない。心が落ち着いている状態が精神的健康であり、さらには、生活環境（ものや人）や人との関係性が良好で満たされている状態の社会的健康すべてが揃って初めて「健康である」と言える。

▶ 2 子どもの健康状態把握の必要性

自分の状態が健康ではない状態と理解するためには、脳の発達が必要である。発達途上で認知機能が未熟な時期は理解できない乳幼児期は、身体が小さく免疫力が低いために、ウイルス感染症にもかかりやすくなる。感染すれば激しい症状がみられ、病状の進行も速い。生命の危機にまで至る病状に悪化する可能性がある。

そのような状態にならないためには、まず周りの大人が、いつも（健康な状態）とは違うことに気づくことである。そのためには、常に子どもに関心をもち、健康状態を把握する必要がある。

第2節 »»» 子どもの健康を守るために

► 1 法律

　子どもの健康を守るための法律には、まず「児童福祉法」（1947年制定、2016年改正）がある。その第2条第2項に、「全て国民は、児童が良好な環境において生まれ、かつ、社会のあらゆる分野において、児童の年齢及び発達の程度に応じて、その意見が尊重され、その最善の利益が優先して考慮され、心身ともに健やかに育成されるよう努めなければならない」とある。また第2条第3項には、「国及び地方公共団体は、児童の保護者とともに、児童を心身ともに健やかに育成する責任を負う」として、大人は責任をもって、子どもを心身ともに健やかに育成する義務があることが明記されている。

　また、「母子保健法」（1965年制定）では、第1条に、「母性並びに乳児及び幼児の健康の保持及び増進を図るため、母子保健に関する原理を明らかにするとともに、母性並びに乳児及び幼児に対する保健指導、健康診査、医療その他の措置を講じ、もって国民保健の向上に寄与することを目的とする」とある。

　さらに、第3条「乳児及び幼児は、心身ともに健全な人として成長してゆくために、その健康が保持され、かつ、増進されなければならない」、第4条第2項「乳児又は幼児の保護者は、みずからすすんで、育児についての正しい理解を深め、乳児又は幼児の健康の保持及び増進に努めなければならない」、第5条「国及び地方公共団体は、母性並びに乳児及び幼児の健康の保持及び増進に努めなければならない」と明記されている。

　つまり、生まれてきた子どもは皆、保護者のみならず、国、地方公共団体が責任をもって健康に育てる義務があるということである。

▶ 2　子どもの健康を守るための知識

(1) 基本事項

①子どもを取り巻く大人が、子どもの健康を守るのは大人自身なのだという自覚をもつこと。

②健康な子どものあるべき姿、子どもの特徴が分かっていること。

③子どもの健康状態は何を観察すればよいかが分かっていること。

(2) 健康な子どもの特徴

健康な子どもは、表情が活き活きし、機嫌も良く、活気がある。知的好奇心が豊富で、自分の興味関心のあることはたくさん話をする。健康な子どもの共通点は、しっかり休息してしっかり食べて、しっかり運動することである。

こうした健康習慣の中で、子どもは成長・発達する。健康状態が悪ければ、発育に悪影響を与えることになる。

乳幼児期は、言葉の発達やコミュニケーション能力が未熟で、言葉で的確に伝えることはできない。保育者が心身の不調に気づくことができなければ、抵抗力の低い子どもの病状の悪化も速く、生命の危機に至る可能性も高い。

(3) 子どもの不調を早期発見するための方法

①入園時、保護者より調査用紙に記入された既往歴、予防接種状況、アレルギーの有無を知る。

②定期（臨時）健康診断：園医の診察から健康状態、運動機能、精神発達、聴覚、視覚、歯の状態を知る。

③毎月の身長・体重測定から乳幼児身体発育曲線で成長状態を知る。

④健診結果を保護者へ報告し、保護者の子どもの健康状態への理解を促す。

⑤精査が必要な場合は医療機関を受診し、対応する。

⑥毎日登園時に、保育士が保護者からいつもの子どもの様子との違

図表 7-1　子どもの不調を早期発見するためのチェックリスト

	観察内容
登園	□表情が活き活きしているか □機嫌が良いか □活気があるか □顔色（薄いピンク色、血色がよい）が良いか □口唇色が良いか □発熱（37.5℃以上）、咳、鼻汁、嘔吐、下痢、腹痛、発疹がないか □親子関係は良好か □服装（衣類、履物）は汚れていないか □家族がいつもと違うと気になっている点はないか
室内外 での遊び	□身体の動きがスムーズか □倦怠感はないか □よく話すか □よく遊ぶか □眼力があるか □指示された方に反応するか（耳が聞こえているか） □集中力はあるか
おやつ 昼食	□食欲はあるか □哺乳力は強いか □食事は全量摂取できるか □水分摂取はできるか □味の違いを感じているか
歯磨き 排せつ 着替え	□口内（虫歯、口内炎）に痛みはないか □尿・便が出ているか □皮膚に不自然なアザはないか □皮膚に張りがあるか □発疹はないか
昼寝	□よく眠るか（眠りが深い） □寝つきはよいか □呼吸は平静か □寝起きはよいか
読み聞か せ	□目を細めていないか □顔を横に向け、片耳で聞いていないか
降園	□疲労はないか □親子関係は良好か
保育時間 中	□欲求が満たされない時、大きな声で啼泣または自己主張するか □喜怒哀楽がはっきりしているか □いつもの様子と違うと感じる言動はないか

（筆者作成）

いはないかを確認する。同時に、子ども一人ひとりに関心をもっ
て頭の先から足先まで健康観察し、異常を早期に発見し対応する。
　図表7-1 は、子どもの不調を早期発見するためのチェックリストであ
る。具体的な観察場面と内容は、以下の①〜④に示したとおりである。
　①登園時、家族から連絡ノート（票、帳面）を受け取り、家庭での
　　子どもの様子を知る、地域の感染症の流行、きょうだいの健康状
　　態を問診する。
　②登園時の子どもの様子を視診し、全身状態（表情、機嫌、活気、顔
　　色、発疹の有無）を把握する。
　　　いつもと比べ、元気がない、不機嫌、顔色が赤いならば、その
　　場で体温測定を実施する。37.5℃以上の発熱がなくても少し体調
　　が悪いように見受けられる場合は、随時注意深く観察をする。状
　　態が悪化すれば連絡をするようになるため、保護者の連絡先を確
　　認しておく必要がある。
　③保育中、食欲がない、活気がない、遊ばない、発語が少ないなど、
　　いつもと違う状態が観察された場合は、注意深く観察し、額に
　　手をあてる（触診）などして、子どもを落ち着かせて体温測定を
　　する。
　　　同時に、発疹の有無、下痢の有無など感染症の症状がみられな
　　いか併せて観察（視診）し、異常が認められた場合は、速やかに
　　保護者に連絡をする。感染性が疑われる場合は、保護者が迎えに
　　くるまで別の部屋に隔離する。
　④午睡中は、乳幼児突然死症候群（SIDS）の発生を予防するため、
　　仰向け寝の状態にあるか、子どもの呼吸が止まっていないかを定
　　期的に観察する。観察間隔は、0歳児は5分、1〜2歳児は10分
　　に1回は呼吸しているか、注意深く観察する。
　　　咳やゼイゼイという呼吸が苦しそうな様子や鼻翼呼吸や肩呼吸
　　はしていないか、汗を大量にかき、排尿がないなど異常が見られ

図表 7-2　望ましい体温測定の姿勢

出典：[鈴木、2015] を基に筆者作成

図表 7-3　望ましい脈拍測定の方法

出典：[鈴木、2015] を基に筆者作成

た場合は、脈拍測定をする（**図表 7-3**）。

⑤降園時、保育時間中の気になった点を記入した連絡帳を保護者に見
　せながら、自宅でも継続して観察してもらえるように伝える。

(4) 呼吸測定

①睡眠中に乳児は腹部、幼児は胸腹部の動きを見る。

②掛け物や服の上からは分かりにくい場合は、掛け物を除去したり、服の下から手を入れて直接、腹部に触れて動きを観る。

③鼻翼をぴくぴくさせていたり、大きく肩を上下させていたり、横になる姿勢をとれないなど異常な呼吸がないか観る。

＜正常値（1 分間あたり）＞

乳児：30 〜 40 回、幼児：20 〜 30 回、学童 15 〜 25 回

（5）体温測定（腋窩温：電子体温計の場合）（図表 7-2）

①子どもを自分の膝に深く腰掛けさせる。

②腋に汗をかいていないか確認する。ある場合は拭き取る。

③体温計をケースから出して、初期表示のサインになっていることを確認する。

④服の下から体温計を挿入する。

⑤体温計の先端を腋の最もくぼんでいる部分にあてる。

⑥体温計がずれないように腋をしっかり締める。

⑦もう一方の腕で、体温計を挿入していない腕も出てこないようにおさえる。

⑧音が鳴ったら、測定完了。速やかに体温計を外す。

⑨体温計の先端をアルコール綿で拭き、ケースの中に入れる。

＜正常値＞

乳児：37.1℃、幼児：37.1℃、学童：36.9℃　平熱より 1℃ 以上の上昇がない。

（6）脈拍測定（図表 7-3）

①左右どちらかの手首で親指の付け根に拍動を感じる部分を探す。

②拍動部分に人指し指、中指、薬指を腕と並行に軽く添える。

③指の腹で拍動を触知する。

＜正常値（1 分間あたり）＞

乳児：110 〜 130 回、幼児：90 〜 120 回、学童：80 〜 90 回

【参考文献】

草柳浩子、岩瀬貴美子編著『やさしくわかる小児看護技術 第2版』ナツメ社、2016年

鈴木美枝子編著、内山有子・田中和香菜・角田和也著『これだけはおさえたい！ 保育者のための子どもの保健Ⅰ』創成社、2015年

筒井真優美監修『小児看護学』日総研、2018年

髙内正子編著『心とからだを育む子どもの保健Ⅱ（演習）』保育出版社、2018年

高野陽、柳川洋編著『母子保健マニュアル改訂7版』南山堂、2010年

（弓場紀子）

第8章

発育・発達の把握と健康診断

第1節 >>> 発育・発達の把握の意義

　乳幼児期の子どもの特徴は、大人への成長・発達の過程の中にある、ということである。子どもの成長・発達は著しく、遺伝的因子と環境的因子との相互の影響を受けながら連続的に進んでいくが、速度やパターンには個人差もあることを視野に入れて考えていくことが大切である。例えば、遺伝的因子としては、人種・性差・系系などがある。欧米人と比較して、日本人は体格が小さい。一般的に、女児よりも男児の方が体格は大きい。子どもの体格は父母の体格と類似性がある、ということなどはよく知られている。

　また、環境的因子としては、子どもの健康状態、生活習慣、家庭環境、社会的環境などがある。先天性疾患や慢性疾患など健康状態に問題を抱えていると、成長・発達に遅れが出るなど影響を受ける。生活習慣では、長時間のゲームやテレビの視聴、学習塾や習い事に多くの時間をとられて、睡眠不足や生活リズムの変調が表れる。授業中の居眠り、朝食を抜く子どもが増えるなど、生活習慣の乱れは各臓器の成長・発達に影響を及ぼす。家庭環境では、子どもは親の愛情を受けて、愛着形成や情緒の安定が図られる。家族構成や家族関係、親の就労状況や虐待など、親の養育態度は、子どもの成長・発達に大きく影響を及ぼす。社会的環境としては、学校や地域における仲間との関係や活動内容も、子どもの成長・発達に様々な影響を及ぼす。

　子どもの健康状態と、発育・発達状態の把握については、「保育所保

育指針」に、「子どもの心身の状態に応じて保育するために、子どもの健康状態並びに発育及び発達状態について、定期的・継続的に、また、必要に応じて随時、把握すること」（第3章 -1-(1)ア）とある。

　一人ひとりの子どもの成長・発達の状況を定期的・継続的に把握することで、成長・発達の遅れや逸脱や健康状態の問題を、早期に発見することができる。また、子どもの疾病の発生状況が把握でき、早期に疾病対策を立てることに役立つ。さらに、不適切な養育の早期発見することにもつながる。発育・発達に合った保育を行なうことは、子どもの健やかな成長・発達を促すことに重要である。

第2節 »»» 発育・発達の把握方法

► 1　発育の評価方法

　身体全体の発育の評価は、主に身長・体重で、各部位の評価は頭囲・胸囲などで行なう。

（1）パーセンタイル値

　厚生労働省が10年ごとに報告している全国調査「乳幼児身体発育調査」の、最新の結果から身長と体重のパーセンタイル値（全体を100として、小さい方から数えて何番目にあたるかを示す数値。50パーセンタイル値は中央値を示す）を用いる方法である。

（2）乳児身体発育曲線、幼児身体発育曲線

　健康状態や環境を考慮しながら経時的に行なう。母子健康手帳にも記載されている。

（3）カウプ指数

　身長と体重のバランスを把握し、年齢相応の成長を遂げているか検討する。〔体重（g）÷身長（cm）^{2}〕× 10により求め、正常の目安は15 〜

図表 8-1　乳児の身体発育曲線（体重）

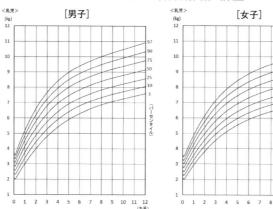

図表 8-2　乳児の身体発育曲線（身長）

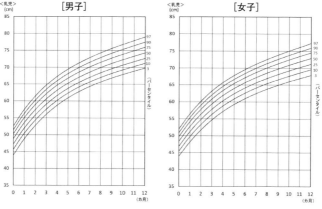

出典（図表 8-1、8-2 とも）［厚生労働省、2011］

19 とされる。22 以上は太りすぎの評価である。

▶ 2　測定方法

（1）体重測定

　乳児は衣類・おむつをとり、全裸で体重計の上であおむけに寝かせる
か、お座りをとらせる。10 g 単位まで測定する。授乳後は避ける。おむ

つや衣類を着用したまま測定した場合は、後でその重さを差引き、測定値を得る。幼児は排尿・排便をできるだけ済ませてから体重計に乗ってもらう。

(2) 身長測定

乳児および2歳以下の幼児（立位がとれない）は、乳児式身長計・テーブル式身長計を用いる。

①身長計の固定版の側に頭がくるようにあおむけに寝かせる。

②耳孔と目を結んだ線が垂直になるように頭部を固定版に着け、動かないように軽く支える。

③膝を伸ばすように支え、足の底が台に対して直角になるよう移動版をあて、目盛を読む。立位がとれる子どもは、学童用または立位用身長計を用いる。

①靴・靴下を脱ぎ、左右の踵を合わせて30〜40度に開いて、身長計に乗ってもらう。

②身長計の尺柱に踵・お尻・背中を密着させる。頭部は視線が床と水平（耳眼水平位）にする。

③横規を下げ、頭頂にあて目盛を読む。乳児、幼児ともに1mm単位まで図る。

(3) 頭囲測定

頭囲の発育は乳児期が最も目ざましく、生後〜6か月までは1か月に

図8-3　身長測定と頭囲測定

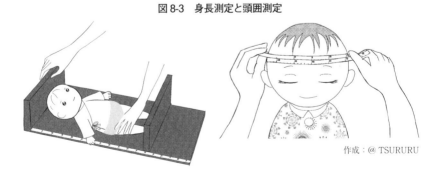

作成：@ TSURURU

図8-4　幼児の身長体重曲線（男／女）

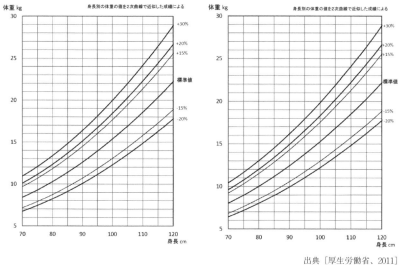

出典［厚生労働省、2011］

約 1.5cm、6 〜 12 か月では 1 か月に約 0.5cm増加する。

　①メジャーを、子どもの後頭部の後頭結節（最も突き出ている部分）、前頭部は前頭結節（眉間）の上を通るように密着させ目盛を読む。

(4) 胸囲測定

　頭囲と比較し発育状態のアセスメントに用いられる。呼吸により値が変化するため、安静時、①上半身を裸にし、あおむけに寝かせ、②メジャーを肩甲骨下端と乳頭を通るようにあてて、目盛を読む。

▶ 3　発達の評価方法

　発達の遅れやゆがみのありそうな子どもを、短時間で見つける方法である。発達の影響が予測される子どもは精密検査を行なう必要がある。

(1) 発達スクリーニング検査

　精密検査の実施に先立って、精密検査を要するものと、要しないものとをふるい分けるための検査である。乳幼児に一定の課題を与えて、それらに対する子どもの反応を観察する検査法、あるいは、日頃観察して

いる行動を記録する質問紙法などがある。

(2) DENVER Ⅱ（デンバー発達判定法）：対象年齢 0 〜 6 歳

「個人−社会」「微細運動−適応」「言語」「粗大運動」の 4 領域からなる計 125 項目について、25、50、75、90％の到達レベルが明記されている。評価は、正常、疑わしい、判定不能で示される。

(3) 遠城寺式乳幼児分析的発達検査法：対象年齢 0 〜 4 歳

「移動能力」「手の運動」「基本的習慣」「対人関係」「発語」「言語理解」の 6 領域からなり、各機能を分析的に評価できる。項目数が少なく、短時間で実施できるので広く活用されているが、検査者の技術や検査時の子どもの状態が検査結果に影響しやすい。一方、子ども一人ひとりに見られる全体的な発達の様相の特徴を明らかにすることもできる。

▶ 4　毎日の健康観察

子どもの健康状態の把握は、定期的な健康診断に加え、保育士等による毎日の心身状態の観察が重要である。観察項目としては、体温、顔色、機嫌、食欲、活動性等の状態を観察する。また、午睡などの着替えの時などは皮膚の状態、あざの有無、清潔状態など全身を観察する良い機会である。さらに保護者からの子どもの状態に関する情報提供も大切である。それらを踏まえて総合的に健康状態を判断する。

第3節 ▶▶▶ 健康診断時の留意点

▶ 1　乳幼児健康診査

健康診査は「母子保健法」に乳幼児と妊婦の健康診査を規定している（第 12 条、第 13 条）。乳幼児に対しては、1 歳 6 か月から 2 歳の間に 1 回、満 3 歳から満 4 歳の間に 1 回の計 2 回の健康診査が規定されている。健

図表 8-5　検診内容

1 歳 6 か月児検診	3 歳児健診
①身体発育状況	①身体発育状況
②栄養状態	②栄養状態
③脊柱及び胸郭の疾患及び異常の有無	③脊柱及び胸郭の疾患及び異常の有無
④皮膚の疾病の有無	④皮膚の疾病の有無
⑤歯及び口腔の疾病及び異常の有無	⑤眼の疾病及び異常の有無
⑥四肢運動障害の有無	⑥耳、鼻及び咽頭の疾病及び異常の有無
⑦精神発達の状況	⑦歯及び口腔の疾病及び異常の有無
⑧言語障害の有無	⑧四肢運動障害の有無
⑨予防接種の実施状況	⑨精神発達の状況
⑩育児上問題となる事項	⑩言語障害の有無
⑪その他の疾病及び異常の有無	⑪予防接種の実施状況
	⑫育児上問題となる事項
	⑬その他の疾病及び異常の有無

出典［厚生労働省、2015a］を基に筆者作成

診内容を把握しておくことも重要である。

► 2　母子健康手帳の活用

　母子健康手帳の活用については、厚生労働省からの通知で、「健康診査においては、母子健康手帳の内容を参考とし、それまでの発達状況等を保護者の記録も含めて確認するとともに、実施した健康診査の結果について同手帳に記入する。また、児の健康状態の一環的な把握を行うため、保育所等が実施する健康診断の結果について同手帳への記入がなされるよう、協力を求めるとともに、保護者が自らその結果を確認するよう指導する」（厚生労働省、2015b）とされている。

　健康診査の場は、子どもにとって緊張する場でもあるので、普段の様子とは異なることが多い。普段の様子をよく知っている保護者の同伴や記載を確認して、診察の参考にすることが大切である。健康診査は、保護者と子どもの様子を把握できる貴重な機会である。育児不安などの相談も行なわれ、育児支援の要素も大きい。受診率は高く90％を超える。このため未受診者は、保護者が病気や何らかの問題を抱えていたり、子どもへの虐待が疑われる場合もあるので注意が必要である。

【引用・参考文献】

厚生労働省雇用均等・児童家庭局「平成22年度乳幼児身体発育調査報告書」2011年

厚生労働省「母子保健関連施策」（平成27〔2015〕年9月2日）a

厚生労働省雇用均等・児童家庭局母子保健課長通知「『乳幼児に対する健康診査について』の一部改正について（雇児母発0911第1号）」（平成27〔2015〕年9月11日）b

厚生労働省「保育所保育指針解説」

www.ans.co.jp/u/okinawa/cgi-bin/img_News/151-1.pdf（2019.8.30最終アクセス）

国立研究開発法人 国立成育医療研究センター「乳幼児健康診査 身体診察マニュアル」（平成30〔2018〕年3月）

www.ncchd.go.jp/center/activity/kokoro.../manual.pdf（2019.8.30最終アクセス）

奈良間美穂他『小児看護学概論　小児臨床看護総論』（系統看護学講座・専門分野Ⅱ）医学書院、2017年

（上松恵子）

第9章

保護者との情報共有

第1節 »»» 保護者との相互理解の必要性

► 1 保育所における子育て支援の役割

保育所保育指針では、「保育所における保護者に対する子育て支援は、子どもの最善の利益を念頭に置きながら、保育と密接に関連して展開されるところに特徴がある」（厚生労働省、2018）としている。現代では、家庭の形態も多様化している。それに伴い、家庭の状況や保護者の働き方も様々で、養育についての考え方や保育所に求めるサービスニーズも異なる。保育所における子育て支援とは、その子どもがどのような環境の中で生まれ、育っているのかという養育環境を知り、その多様性を受け入れて、保護者の保育ニーズに可能な限り応えることが、支援の第一歩といえるのではないだろうか。

► 2 保育所の特性を生かした子育て支援

保育所は、養育に欠ける家庭の子どもを預かり、保育するだけではない。子どもたちは保育所という集団の中で、お互いに刺激し合って成長している。集団保育という特性を生かし、保育の専門的知見をもった保育士が保護者に対して、子どもの成長と子育ての喜びを感じていくことができるように支援することが求められている。

▶ 3 保護者との信頼関係の構築

　健やかな子どもの発達成長を支援するためには、保護者と支援者が同じ目線に立ち、同じ目標に向かって、子どもとの関わりをもっていくことが大切である。

　保育所では、時間のない保護者に少しでも子どもの様子を伝えていきたいため、一週間の活動の予定を知らせたり、写真や子どもたちの作品などを掲示したりと、様々な工夫をしている。個別の連絡ノートに、その日の活動について記載し、家庭に知らせてもいる。ところが保護者には、そのような保育士の思いがうまく伝わらないこともある。

　なぜなら、お知らせや掲示物は園全体の様子であり、保護者は、「その時、わが子がどんな様子だったのか」「わが子はどんなことに興味をもったのか」など「わが子」のことが知りたいのである。そこで、文章や写真だけでなく、保育士から直接言葉が添えられると、リアリティーをもって、わが子の様子を感じることができる。

　例えば、朝夕の送迎時間は、保護者も保育士も忙しい。だが、一言でもいいから「○○ちゃん、今日の△△遊びを楽しみしているんですよ」とか、「○○ちゃんは先日から挑戦していた△△が、ついにできたんですよ。私もすごくうれしかったです」など、○○ちゃんの何気ないその日の様子を織り込みながら、保育士の感動を伝えてみてはどうだろう。保護者も子どもの成長に気付くきっかけになり、保護者は「自分の子どもをしっかり見ていてくれている」との安心感が持てるのではないだろうか。時には、保護者からも家庭の様子を語ってくれるかもしれない。そうしたやり取りによって、保護者も保育士も自分たちの知らない子どもの一面を知ることができるのである。この、日常のやり取りの積み重ねが、やがては保育士と保護者の信頼関係を構築し、その信頼関係をベースに子どもの支援が促進されるのである。

第2節 »»» 基本情報を共有する

▶ 1　子どもに関する事項の確認と共有

　保護者と保育士が、同じ目線で子どもを養育するためには、現在の子どもの状況を相互に理解し合うことが大切である。

　特に、アレルギー等による禁忌物など、子どもの健康・安全に関する事項は、保護者と保育所とが緊急時の連絡先はどこか、けがや急な発熱などの時、かかりつけ医はどこかといったことを、十分に確認・共有することが基本である。医療的な処置が必要な子どもの場合、日々の保育の中で注意すべきことや服薬の有無、様態が急変した時の緊急対応の仕方や医師からの指示内容などが考えられる。

　その他必要な情報として、成育歴や家族構成、好きな遊び、偏食の有無、生活リズム、癖、苦手なことや、トイレットトレーニング、食事に関わること等、現在の生活習慣に関する事項も含まれる。これらの情報を確認することで、保育所でも家庭と同じような対応が可能になり、次のステップへの確認もしやすくなる。

▶ 2　支援目標と支援計画を作成

　現在の子どもの状況が把握できたところで、支援目標の設定を行なう。支援目標は、保護者がわが子に伸ばしてほしい力、こんな子になってほしいという願いなどを加える。そして、月齢から期待される力と現状の発達状況から、長期目標、短期目標に分けて設定し、具体的な支援方法も検討する。支援目標は保護者と確認して共有することが大切である。支援目標の見直しの際には、日々の観察記録と保護者からの情報を参考にする。

▶ 3 家庭及び保育中の子どもの状況の情報共有

　子どもの発達成長は早い。昨日できなかったことが今日はできることもある。だから、保育中の子どもの状況については、保護者にこまめに伝えていきたい。ただ「できた」「できない」だけでは、テストの○か×か、合格か不合格かという判定になってしまう。そこで、子どもの発達の経過が保護者に理解してもらえるようにするために、どのようにできたのか、これまでのできなさと今のできなさの違いなど、様子の変化を伝えるとよい。また、子どもは、家庭という場と集団生活の場では、その様子が異なる。友だちや先生をモデルにしてできることもあれば、自分のペースならばできることもある。だから、保育所での様子と家庭での様子を十分に共有することで、今後は、どちらの場面でもおおむねできるようになるという、目標の共通理解をする。

　例えば「友だちを叩く」という事実があったとする。そのような時、保育士は、その子の行動観察をしてみるとよい。観察の様子から、「友だちが使っているおもちゃをいきなり取ったら、友だちに『やめて』といわれて叩いた」「砂場で遊んでいる友だちの側にいたが、急にその友だちを叩いた」ということがわかった。この子はまだ「貸して」「入れて」などの言葉がうまく出てこないために、友だちと関わりたいと思った時に、友だちを叩くかもしれないと予想が立つ。そこで、保育士が言葉かけのモデルを示しながら、友だちへの言葉を促す支援をすると、トラブルが少なくなることがある。

　保育士は、保護者の子どもが保育士の仲立ちによって、友だちと楽しく遊べるようになってきていることを伝えて、家庭でも言葉がけを心がけてもらうように協力を求めていくとよい。また、保育中の健康状態が心配される子どもの場合は、その様子と処置の内容、その後の経過を保護者に伝え、帰宅後の継続観察をお願いする。

第**3**節»» 家庭・関係機関との連絡体制

► 1　地域支援機関の紹介と連携

　保護者との信頼関係が築かれ、様々な情報を交換し、共有していくうちに、困っていることや心配していることなどを語る保護者もあらわれる。特に、外国籍の保護者や移転して来て間もない家庭などは、保護者同士のつながりが少なく、地域の様子も不案内で、悩みごとは保育所が

図表 9-1　地域の支援機関モデル図

出典：内閣府ホームページより

78

受け入れることになる（**図表 9-1**）。

　しかし、保護者が抱える問題は、就労のこと、経済的なこと、夫婦の問題、介護、他の兄弟のこと、近隣とのトラブル等々、保育所だけでは解決できない問題が多い。問題の解決に時間がかかれば、さらに状況が悪化する可能性がある。地域には、「子ども・子育て支援新制度」に基づいた支援制度と支援機関が用意されているので、支援機関の紹介と利用を進めることが問題解決に有効だといえる。複数の支援機関が連携することで、さらに質の高い支援が提供される可能性があるので、保護者の生活と精神的な安定につながる。

▶ 2　発達が気になる子どもの支援と専門機関との連携

　保育士から見て、子どもの行動で気になるときというのは、同じ年齢の子どもたちと同じような行動がとれないときや集団行動に参加できないとき、大人の働きかけに対する反応が、こちらの期待とはズレていると感じるなど、発達的な課題を感じるときではないだろうか。

　まずは、観察による事実の記録を積み上げ、客観的に子どもの姿を眺めてみるとよい。そして、子どもの発達状況と現在の子どもの困難さに焦点を当てながら、今後どのようなスキルがあると、その子が将来的に楽になるのかを考えていこう。

　次に、保育所内の支援会議等で報告をして、保護者に対する専門機関の紹介を検討する。専門機関を紹介するときは、どの機関ではどんな専門職がいて、どのような支援が受けられるかという情報も併せて伝えると、保護者がどこの専門機関を訪ねたらよいかを検討する参考となる。

　そして、保護者の戸惑いを最小限にするために、専門機関で個別支援を受ける必要性の理解を促す必要がある。記録をもとに、これまでの経過と支援の状況を丁寧に伝え、その結果、成長が見られたところと残る課題について説明する。課題の部分については、専門職から個別支援を受けることが有効だということを伝える。

　しかし、この段階では、保護者がすんなりと保育士からの話を受け止めるとは限らない。そのための、できるだけ保護者が感情的に不安定にならないような伝え方の配慮が必要となってくる。

　まず、客観的な事実を「発達」という観点から、できるだけ保護者に、理解しやすい言葉と表現で説明する。子どもの行動の理由やその後本人がどんな気持ちになっているのかなど、本人の気持ちに寄り添いながら、困っている主体は本人だということを伝えるとよい。乱暴な行動をするから友だちが迷惑しているとか、保育士が困るというニュアンスにならないような配慮が必要である。

　さらに、個別支援を受けることで、どのようなスキルが身に付き、どのような変化が起きて、その子どもが楽になり、その結果、友だち関係や親子関係がどのように変化をするか、ということを、保護者と保育士とでイメージの共有をすることが大事である。最後に、お互いに共有したその子どものイメージに向かって、保護者と保育士が共に進んでいくことを確認する必要がある。

　個別支援とは、「排除」（「みんなと一緒にできないから、個別の場に行く」）なのではなく、「補完」（「みんなと一緒にする活動が、この子の発達にとって少しでも質の高いものになるように」）するためなのである（玉井、2018）。

　つまり個別支援とは、その子のもっている力に応じて、その子のペースで必要なスキルを学ぶということである。例えば、全体の活動で、平均台を渡るという課題達成のために、まずは、一定の幅のテープの上を歩く、徐々に高さを上げる、最終的に平均台の上を渡るという３つのステップを設定する。しかし、この３つのステップで足りないときには、さらに細かな支援ステップが求められる。これが個別支援である。

　すなわち、個別支援とは、専門職が、専門機関で、子どもの特性や発達状況を見極め、その子に応じたスキル獲得のために作成した計画を基に、オリジナルな支援を受けることである。

　保育士は「○○ちゃんの発達が質の高いものになる」ように、保護者と一緒に進んでいきたいとの思いを伝えることが大切である。同時に、保護者が個別支援に対して積極的に継続していけるように、保育士が支えていく必要がある。

【引用・参考文献】

厚生労働省編『保育所保育指針解説』フレーベル館、2018年

玉井邦夫『エピソードで学ぶ　子どもの発達と保護者支援』明石書店、 2018年

特別支援教育士認定協会編『LD研究』No18、2018年10月号

内閣府、文部科学省、厚生労働省『子ども・子育て新制度なるほど
　　　BOOK　すくすくジャパン！』平成28年度4月改定版
　　　〈www8.cao.go.jp/shoushi/.../naruhodo_book_2804.html〉

加藤邦子・牧野カツコ・井原成男・榊原洋一・浜口順子編著『子どもと地域と社会を
　　　つなぐ家庭支援』福村出版、2015年

　　　　　　　　　　　　　　　　　　　　　　　　　　（橋本惠子）

第10章

主な疾患の特徴①
新生児の病気、先天性の病気

第1節 »»» 新生児の病気

► 1　新生児とは

　新生児（生後28日未満）は、母親の胎内から外界に適応していくことができるようになるための時期であり、様々な変化とともに、成長・発達をとげていく。しかし、新生児は、予備力が少ないため、急変することがある。

　37週以上42週未満で生まれた児を正期産児、42週以上で生まれた児を過期産児、37週未満で生まれた児を早産児と分類している。

► 2　低出生体重児

　生まれたときの体重が、2500 g未満の児を「低出生体重児」といい、このうちの出生体重が1500 g未満の児を「極低出生体重児」、さらに1000 g未満の児を「超低出生体重児」という。

①原因：早産で在胎週数が短い場合と、子宮内発育遅延で出生体重が少ない場合がある。胎児発育不全の原因としては、胎児側の子宮内感染、染色体異常、先天性形態異常などがある。

　母体側の原因には、妊娠高血圧症候群、低栄養、胎盤機能不全などがある。

②病態：正期産児は子宮内環境から子宮外環境に適応するだけの準備が整っているが、早産児は、在胎週数が少なければ少ないほど、諸

機能の未熟性が強く現れ、全身的な症状が出現する。

③症状：低栄養状態においても脳の発育は保たれていることが多い。頭は相対的に大きく、身体や手足はやせている。皮膚は薄く、しわが少なく、赤みが強い。うぶ毛は多いが頭髪や眉毛は少ない。泣き声は弱く、筋肉の緊張も弱く、手足をだらんとさせている。

④治療：体温を調節することが未熟なため、体温を保持する能力が低い。そのため、保育器に収容し、保温をする。体重が 2000 g 程度になれば保育器から出ることができる。

　呼吸を調節することが未熟なため、呼吸を抑制し無呼吸に陥ることがある。軽症であれば、酸素吸入や呼吸中枢を刺激する薬剤を使用する。重症の場合は、人工呼吸器で呼吸管理をする。

　哺乳力が弱く、新生児は主に鼻呼吸をしているので、栄養チューブを経口挿入し、母乳または人工乳を注入する。胃が小さく、逆流しやすいため、注入は少量から開始し、少しずつ増量する。注入量が少ない間は、5％ブドウ糖液や電解質液を点滴静脈注射する。呼吸状態が安定して経口哺乳が可能になれば、栄養チューブは経鼻挿入する。

► 3 新生児仮死

　胎児期の胎盤呼吸・胎児循環から、新生児期の肺呼吸・移行期循環への呼吸循環適応が阻害された結果として、出生時に全身の臓器が低酸素・虚血に陥った状態をいう。

　新生児仮死は、新生児死亡の主な原因であるとともに、蘇生によって状態が改善しても脳に障害を残す場合があり、新生児にとって重要な疾患である。

①原因：胎盤機能低下（胎盤早期剥離、重症妊娠高血圧症候群など）や臍帯血流低下（臍帯巻絡、臍帯脱出）などにより、胎児へ十分に酸素が供給されない場合や、出生後の呼吸や循環が不十分な場合に起こる。

新生児仮死の 90％は胎児仮死の延長上にあり、出生後の仮死は
10％にすぎないといわれている。

②症状：生まれたときに、すぐ産声をあげず、呼吸が抑制され、皮膚
色が悪く、手足の動きも不活発になる。新生児仮死の評価にはアプ
ガースコアが一般的に用いられる。

④治療：すぐにのどや気管にたまっている羊水や粘液を吸引し、酸素
を吸入する。呼吸が弱い場合には、酸素マスクとバッグ（手動で空
気を送り人工換気を行なう器具）で加圧して酸素を入れたり、空気や
酸素を確実に確保するために気管にチューブを入れることがある。
その後の状態により、点滴や酸素吸入の持続、人工呼吸器の装着を
する。

　最近、頭を冷却することで死亡や後遺症を少なくする脳低温療法
も行なわれるようになった。仮死が重篤な場合は死亡したり、命
はとりとめても重い脳障害の後遺症を残すことがある。

▶ 4　新生児メレナ

　新生児では、出生後 2 〜 5 日頃に、消化管出血によりタール便（血の
混じった便）が出たりすることがある。同時に、コーヒー残渣（血が混
じっている）のようなものを吐いたりする。これを新生児メレナとよん
でいる。

①原因：新生児はビタミン K の貯蔵量が少なく、ビタミン K 不足に
なりやすい。ビタミン K は血液の凝固に深く関係しており、ビタ
ミン K 不足は、血液の凝固異常が生じて消化管出血がおこる。

②治療：ビタミン K を注射により投与する。

③予防：出生後哺乳が確立したら、すぐにビタミン K のシロップ剤
を内服する。その後の不足を予防するため、通常生後 1 週、1 か月
の計 3 回内服する。

▶ 5 呼吸窮迫症候群

　低出生体重児にみられる代表的な呼吸障害である。肺に空気が入り、肺が広がりやすくするための物質（サーファクタント）が必要である。サーファクタントは、在胎 32 週以降につくられるため、それ以前の週数で生まれた早産児では、肺が広がりにくい状態になる。

①症状：生後数時間以内に呼吸数の増加や、呼吸のたびに喉（のど）の下（胸骨の上）やみぞおちなどが陥没する。チアノーゼも出現する。

②診断：胸部 X 線写真で、肺全体にすりガラスのような不透明さを認める。

③治療：気管に挿管して、人工呼吸管理を行なったうえで、人工サーファクタントを気管内に投与する。効果は劇的で、数分から 1 時間ほどの間に児の呼吸状態は著明に改善する。

▶ 6 新生児の黄疸

(1) 生理的新生児黄疸

ほとんどの新生児に、生後 2 ～ 4 日で認められる黄疸（おうだん）である。胎児期の赤血球が壊されて、黄疸の原因であるビリルビンという色素が生成される。このビリルビンを処理する肝臓の機能が不十分であるため、黄疸があらわれる。生後 1 週間ほどで自然に軽快する。

(2) 特発性ビリルビン血症

時にビリルビンが高値となるが、原因がはっきりしない。

①治療：光線療法（全身に光線を照射する療法）を行なう。光線療法によりビリルビン値が下がり、黄疸は軽減する。ビリルビンは光があたると変形して、速やかに身体の外に排泄される。

(3) 核黄疸

血液型不適合（ABO 型不適合・Rh 型不適合）では、しばしば重篤な高ビリルビン血症を発症する。

　重篤な高ビリルビン血症を放置すると、ビリルビンが脳組織に結合して神経障害を残すことがある。死に至ったり、脳性麻痺に至ることがある。脳内の神経細胞が集まっている核にビリルビンが沈着して黄色になるので、核黄疸という。

①光線療法：高ビリルビン血症の治療としては、光線療法が主体となる。

②交換輸血：母児間の血液型不適合や溶血性疾患では、しばしば重篤な高ビリルビンを示し、交換輸血を必要とする場合がある。交換輸血療法はビリルビン値が高い血液を直接輸血する血液で置き換える治療法であり、母児間の血液型不適合では、溶血の原因となる異常抗体を除去する目的もある。

▶ 7　未熟児網膜症

　網膜の血管は、在胎 15 週頃より発生しはじめ、40 週頃に完成する。未熟な状態で出生した場合、網膜の組織が異常増殖することがあり、進行すると網膜剥離になる。未熟児への過剰な酸素投与は、未熟児網膜症の要因と考えられている。

①検査：外見上は症状を認めず、眼底検査が必要である。未熟児については生後 3 週頃から検査を行なう。

②治療：未熟児網膜症の治療は、瞳孔を通してレーザー光を網膜にあてる網膜光凝固術が一般的である。ケースによっては、冷凍凝固が選択されることもある。

　これらの治療によって網膜の増殖性変化が軽減し、血管が網膜の周辺部に達すれば視力は保たれ、予後は良好である。

　病変が強い場合は、瘢痕が残り、網膜にひきつれが生じて、視力に影響することがある。また、網膜剥離が起こった場合の視力予後は不良であり、剥離を戻す硝子体手術が行なわれることもある。

第2節 »»» 先天性の病気

► 1 子どもの死亡と先天性の病気

　出生時から何らかの病気をもっている新生児は、3〜5％だといわれている。2018年人口動態統計によれば、先天性の病気は、4歳までの乳幼児死亡原因の第1位、5〜9歳では第3位である（**図表10-1**）。先天的な病気は子どもの死因の上位を占めている。

► 2 先天性の病気の原因

　先天性の病気は、染色体異常、単一遺伝子異常、多因子遺伝、環境・催奇形因子、コピー数バリアントと、様々な原因で生じる。先天性の病気は出生前検査ですべて診断できるわけでなく、ダウン症候群などの一部の染色体異常だけである。

（1）染色体異常

　染色体異常には、ダウン症候群（21トリソミー）、18トリソミー、13トリソミー、ターナー症候群などが含まれる。染色体異常は先天性の病

図表10-1　年齢階級別小児死亡の3大原因と死亡数（人口10万人あたり）に対する割合（%）

年　齢	第1位		第2位		第3位	
0　　歳	先天奇形、変形および染色体異常	67.2	呼吸障害	28.6	不慮の事故	7.1
1〜4歳	先天奇形、変形および染色体異常	3.9	不慮の事故	2.1	悪性新生物（腫瘍）	1.9
5〜9歳	悪性新生物（腫瘍）	1.6	不慮の事故	1.5	先天奇形、変形および染色体異常	0.7
10〜14歳	悪性新生物（腫瘍）	2.1	自　　殺	1.9	不慮の事故	1.2
15〜19歳	自　　殺	8.7	不慮の事故	4.1	悪性新生物（腫瘍）	1.9

出典［厚生労働省、2018］を基に筆者作成

気の 25％である。

(2) 単一遺伝子異常

筋ジストロフィーのような特定の遺伝子異常によって生じる疾患である。両親の遺伝子を受け継ぐ場合や、子どもだけに遺伝子の変化が起こっている場合など、様々である。単一遺伝子異常は先天性の病気の20％である。

(3) 多因子遺伝

複数の遺伝子と環境要因の相互作用により発症すると考えられている。先天性心疾患、口唇口蓋裂、幽門狭窄症、二分脊椎、ヒルシュスプリング、多指症などは多因子遺伝である。多因子遺伝は先天性の病気の40％である。

(4) 環境・催奇形因子

受精卵が胎児に発達する個体発生のかなり早い段階で、何らかの因子が作用した結果、胎児に奇形を発生させることがある。ストレス、薬、ウイルス、放射線、アルコール、たばこなどによって起こる。環境・催奇形因子は、先天性の病気の5％である。

(5) コピー数バリアント

染色体検査の進歩とともに、従来の検査ではわからなかった微細な欠失や、重複を生じている先天異常（コピー数バリアント）が、10％程度占める。

【引用・参考文献】

厚生労働省「人口動態統計」平成30（2018）年

　　https://www.mhlw.go.jp/toukei/list/81-1a.html（2019.8.8最終アクセス）

時事メデイカル「新生児のおもな病気/家庭の医学」

　　http://medical.jiji.com/medical/007-0021-01（2019.8.8最終アクセス）

奈良間美保ほか『小児臨床看護各論 ── 小児看護学②』医学書院、2015年

藤岡睦久編著『症例に学ぶ新生児X線診断』メディカ出版、1995年

真部淳・松藤凡・小林京子編『小児疾患 ── 病態・治療論⑭』南江堂、2019年

（中垣紀子）

第11章

主な疾病の特徴②
循環器、呼吸器、血液、消化器の病気

第1節 >>> 保育の現場でよく見かける循環器の病気

► 1 循環器とは

摂取した栄養素や酸素等を身体の各部に運び、不要になったものを各部から集めて運ぶ器管で、心臓（**図表 11-1-A**）・血管・リンパ管のことである。

（1）先天性心疾患

【原因】子どもの心臓病の 70 ～ 80％を占める。原因は不明である。胎生期（8 ～ 12 週頃）に母親が風疹に罹ることによって起こる先天性風疹症候群を代表とする感染症によるものや、染色体異常（ダウン症等）、また、家族性に発生することもある。

【症状】チアノーゼ、多呼吸、泣き声が弱い、母乳やミルクの飲みが悪い。

【病名】心房中隔欠損症（ASD）は、（**図表 11-1-B**）左心房と右心房との間の壁に穴が開いている状態である。先天性心疾患の 10％を占める。

心室中隔欠損症（VSD）（**図表 11-1-C**）は、左心室と右心室との間の壁に穴が開いている状態。先天性心疾患の 20％を占める。

また、ファロー四徴症（Fallow）は、乳児期以降にも見られるチアノーゼを伴う心疾患の代表である。心室中隔欠損、肺動脈狭窄、大動脈騎乗、右室肥大の症状を伴った奇形。先天性心疾患の 10％を占める。

動脈管開存症（ボタロー管開存症：PDA）（**図表 11-1-D**）は、出生直後の

呼吸開始とともに閉じるはずの卵円孔^{らんえんこう}が、完全に閉じないために起こる疾患で、女児に多い。

【対応】乳児期はミルクを飲むことも重労働であるため息切れ等が起こることがある。1回量を減らし回数を増やすなどの工夫が必要である。

図表 11-1　心臓とその疾患

A：正常　　　　B：心房中隔欠損症　　C：心室中隔欠損症　　D：動脈管開存症

(筆者作成)

(2) 川崎病

【原因】原因は不明だが、感染症との関連があると考えられている。

【症状】①5日以上続く発熱、②手足のむくみと皮膚の剝^はがれ落ち、③体幹・四肢の紅斑、④目の充血、⑤口唇の紅潮・いちご舌、⑥頸部^{けいぶ}リンパ節の腫脹^{しゅちょう}の6つの主症状がある。この他、心臓血管に瘤^{りゅう}を認める。

【対応】予防接種、集団生活や運動については、病気の程度によって異なるため、主治医と相談が必要である。保護者と連携して、楽しい園生活が送れるように配慮する。

第2節 ≫≫ 保育の現場でよく見かける呼吸器の病気

▶ 1　呼吸器とは

酸素を空気中から取りこみ、二酸化炭素を排出する器官で、鼻・口・咽頭^{いんとう}・喉頭^{こうとう}・気管・気管支・肺胞の総称である（**図表 11-2**）。

（1）かぜ症候群

【原因】様々な種類のウイルスや細菌で起こる。

【症状】発熱、鼻水、咳、時に下痢などの胃腸症状を伴う。乳幼児の場合、息を吐く時に、「ゼイゼイ」「ゼロゼロ」「ヒューヒュー」といった喘鳴（ぜいめい／ぜんめい）が聞かれることもある。

【対応】安静と睡眠、そして十分な栄養をとることが重要である。高熱でぐったりしている、食事がとれない、眠れないなどの症状があれば、体力の消耗につながるため、病院を受診する。

図表11-2　呼吸器と消化器

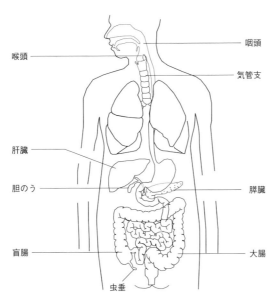

（筆者作成）

第3節»» 保育の現場でよく見かける血液の病気

► 1　血液とは

　全身の細胞に栄養分や酸素を運び、二酸化炭素や老廃物を運び出す役割を担っている。

(1) 貧血

【原因】乳児期から幼児期では成長が著しく、血液を造るための鉄分が不足すると貧血を引き起こす。また、感染症を繰り返すと、起こりやすい。

【症状】顔色が悪い、結膜や口腔粘膜、爪の色が白っぽい、日中ゴロゴロする、機嫌が悪い、体重増加不良、疲れ易い、動悸(どうき)、息切れ、めまい

【対応】治療を開始すると症状は改善する。また、食事内容の工夫も重要である。

(2) 白血病

【原因】原因は不明。小児がんの約40％を占める。原因は不明だが近年では、多段階的な遺伝子異常を経て発生すると考えられている。放射線被曝(ひばく)やある種の染色体異常・免疫不全症がある場合に発症頻度が高い。急性リンパ性白血病（ALL）が約70〜80％、急性骨髄性白血病（AML）の約70％に染色体の異常がみられ、病型や予後との関わりが明らかになっている。遺伝はしない。

【症状】全身のだるさ、貧血、発熱、出血傾向、肝臓・脾臓(ひぞう)・リンパ節の腫大(しゅだい)、感染症に罹りやすい骨痛、歯肉の腫脹など。

【対応】日常生活に戻れるようであれば、他の子どもと対応は変わらない。担当医や保護者と相談しながら日常生活を送れるように支援する。

第4節»» 保育の現場でよく見かける消化器の病気

▶ 1　消化器とは

　体内に取り入れた食物の貯蔵と消化、栄養素の吸収、不消化物の排泄と運搬の役割を担う器官の総称である（**図表 11-2**）。

(1)　嘔吐

【原因】嘔吐をきたす病気はたくさんあり、乳児では感染性の胃腸炎、腸重積、食物アレルギー、便秘、空気嚥下、ミルクや食事の摂り過ぎで起こる。幼児以降では、上記以外に虫垂炎や糖尿病などの病気も加わる。

【症状】胃の内容物を口から排出する。感染症の場合には、下痢や発熱を伴うことがある。

【対応】何度も繰り返し吐く場合や、明らかに脱水が疑われる場合には、速やかに病院を受診する。

　嘔吐物による誤嚥や窒息の予防に努める（嘔吐が続く場合には、顔を横に向け吐き出せるような姿勢にする）。衣服をゆるめる。

　＜観察項目＞　①いつ・何を食べたか、②どのように吐いたか、③吐いた回数、④機嫌、⑤熱の有無、⑥尿の回数量、⑦その他の症状等を、受診時に医師に伝える。

　＜水分補給＞　嘔吐後、30分〜2時間程度は控える。嘔吐が治まっていたり、水分を摂取しても吐かないようであれば、湯冷ましや麦茶、白湯や乳児用イオン水を少しずつすすめ、徐々に回数・量を増やす。食事は、消化の良いものから少しずつ始める。尿量や皮膚の状態などは常に気を配り、水分が摂れるように根気よく飲ませる。

　＜感染防止＞　手袋やマスクを着用して、おむつ交換を行なう。ケアは、一人行なうごとに、手を洗う。

94

(2) 下痢

【原因】ウイルスや細菌などの病原体が原因である。汚染された食品を食べて、又は病原体が人の手などを介して口に入り感染する。病原体の種類により、感染してから発症するまでの時間（潜伏期）は異なる。

【症状】便意や便の水分量が増えた状態で、排便回数も増える。腹痛、発熱の症状もみられる。感染症の場合には、嘔吐を伴っていることがあり、1〜2日の嘔吐後、通常は血液を含まない水様性の酸臭を帯びた便がある。多い時は1日10回以上続く。便の色は、淡黄あるいは白色である。

【対応】お腹の痛みが強い場合や明らかに脱水が疑われる場合には、速やかに病院を受診する。乳児期は、哺乳のたびに柔らかい便をすることがあるので、機嫌が良く体重が増加しているようであれば様子をみてよい。お腹（なか）の痛みを訴える、機嫌が悪い等、その他の症状が伴っている場合には、病院を受診する。

＜観察項目＞　①いつから始まったか、②便の状態、③嘔吐の状態、④熱の有無、⑤尿の回数、⑥食欲等の観察を行ない、受診時に医師に伝える。

＜水分補給＞　嘔吐がなければ水分摂取をすすめてもよい。一度にたくさん飲んでしまうと、下痢に拍車を掛けるので、注意深く行なう。

＜清潔＞　肛門周囲はただれやすいため、おむつ交換のたびに洗い、清潔にする。また、肛門周囲を乾燥させるように心がける。

＜感染防止＞　嘔吐の項を参照

(3) 脱水

【原因】水分摂取の不足や、嘔吐、下痢、発汗、発熱、多尿などにより、水や電解質が体内から失われた状態のことである。

【症状】唇（くちびる）の渇き。活気がない、機嫌が悪い、尿が少ない（半日に1回以下など）。顔色が悪いなどである。

【対応】湯冷ましやお茶などを少しずつ、徐々に回数を増やしながら

水分を十分に与える。吐いても機嫌が良く活気がある場合には、様子を
みてもかまわない。発熱や頭痛など、その他の症状を伴っていないか注
意深く観察を行なう。

（4）便秘

【原因】習慣性便秘と器質性便秘の2種類がある。習慣性便秘は、ミ
ルク・食事量不足、薬剤性・食物アレルギー、トイレットトレーニング
の失敗等で起こる。器質性便秘は、消化器官に病気がある場合に起こる。

【症状】排便回数が1週間に3回以下と少なく、便の排泄時に痛みや
出血がある。また、腹痛、嘔吐、食欲不振、残便感等の症状もみられる。

【対応】遊びに夢中になっている時等は、声をかけてトイレに誘う。
起床時冷たい水分を取る、決まった時間にトイレに座る等、生活習慣の
改善を行う。また、食事は野菜や食物繊維を多く摂るなど工夫する。

（5）腸重積

【原因】多くは原因不明であるが、ウイルス感染による腸蠕動の異常
により起こるとされている。基礎疾患が原因となることもある。腸管の
一部が、肛門に近い方の腸管に入り込み重なり、通過障害を起こした状
態である。6歳未満の乳幼児期（特に1歳前後）に起こりやすい。男児に
多い。回腸末端部が結腸に入り込む回腸結腸型が主である。

【症状】腹痛、嘔吐、いちごゼリー状血便、腹部膨満がみられる。乳
児では、活気がない、機嫌が悪い、哺乳
力が弱い、いつもと比べて泣き方がひど
い等の状態がある場合に注意が必要であ
る。

図表11-3　ヘルニアの状態(外観)

【対応】緊急性が高いため、直ちに病
院受診を行なう。

（6）鼠径ヘルニア

【原因】腹壁に生じた腹膜鞘状突起
の開存（ヘルニア嚢）が原因。中に、腸

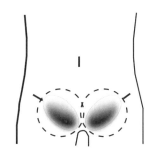

（筆者作成）

管、卵巣などが脱出（脱腸）した状態で、先天性と後天性がある（**図表11-3**）。また、遺伝性もある。

【症状】鼠径部が腫大する。乳児期の初発症状としては浅い眠り、いらだち、機嫌が悪いことがある。年長児は陰嚢、鼠径部の痛みを訴える。

【対応】激しく泣いて痛がる、腫大部の色の変化がある等の場合には、ただちに病院受診を行なう。手術後合併症がなければ、問題はない。

(6) 反復性腹痛

【原因】内臓等に異常があって起こる場合（器質的疾患）と内臓等に問題がない場合（非器質的疾患）の2通りがある。非器質的疾患が最も多く、中でも過敏性腸症が60％を占める。

【症状】へその周囲を痛がることが最も多い。腹痛は短時間で治まり、その後は無症状である。心理的ストレスが加わると悪化し、休日や週末になると治まる傾向にある。

【対応】発作時は腹痛があることを理解する。しかし、あまり心配し過ぎると逆効果になる。保護者と連携し、子どもとコミュニケーションを取り、信頼関係を築きながら原因を探す姿勢が必要である。

【引用・参照文献】

衛藤隆、田中哲郎、横田俊一郎、渡辺博編著『最新 Q＆A 教師のための救急百科〔第2版〕』大修館書店、2018年

厚生労働省『保育所における感染症対策ガイドライン（2018年改訂版）』2018年
　　https://www.mhlw.go.jp/file/06-Seisakujouhou-11900000-Koyoukintoujidoukateikyoku/0000201596.pdf

佐賀県・佐賀県救急医療協議会「こんな時どうする？子どものケガ・急病　知っておきたい対処方法」2017年7月改定

日本心臓財団疾患別解説「子どもの心臓病とは」
　　www.jhf.or.jp/check/opinion/category/c11

帆足英一監修、大川洋二編『必携病児保育マニュアル Vol. 2』一般社団法人全国病児保育協議会、2014年

メディカルｉタウン「病気事典［家庭の医学］　便秘（症）」
　　http://medical.itp.ne.jp/byouki/010616000/

（遠藤由美子）

第**12**章

主な疾患の特徴③
アレルギー、腎・泌尿器、内分泌の病気

第**1**節 »»» 子どもの主なアレルギー疾患

▶ 1 アレルギーとは

アレルギーとは本来ならば反応しなくてよい害の無いものに対する、体の過剰な免疫反応である。例えばダニや花粉、食物が体に入ってきたときに皮膚に蕁麻疹が出たり、呼吸がゼーゼーと苦しくなったりすることである。アレルギーには IgE 抗体が大きく関わる。IgE とは、体の中に入ってきたアレルギーの原因物質に働きかけ、体を守る機能をもつ免疫グロブリン（タンパク質の一種）をいう。

本章は保育所でも多くみられる IgE 抗体依存性アレルギー：Ⅰ型アレルギー（花粉症やアレルギー性鼻炎、気管支喘息、食物アレルギーなど）について取り上げる。

子どものアレルギー性疾患の増加に伴い、厚生労働省は「保育所におけるアレルギー対応ガイドライン」を作成している。その中に、保育所におけるアレルギー対応について詳細に記載されているので読んでおくことを勧める。

▶ 2 アトピー性皮膚炎

2002 年度の調査では、アトピー性皮膚炎を有する子どもの割合は全国平均で 4 か月児 12.8%、1 歳 6 か月児 9.8%、3 歳児 13.2% となっている（厚生労働省、2003）。

(1) アトピー性皮膚炎とは

痒みがあり、悪くなったり良くなったりを繰り返す湿疹がある疾患をいう。患者の多くはアトピー性素因をもつと定義される。皮膚の角層のバリア機能の障害によるドライスキンと皮膚アレルギーである。

アトピー素因とは、家族歴・既往歴（気管支喘息、アレルギー性鼻炎、結膜炎、アトピー性皮膚炎のうちいずれか、あるいは複数の疾患）、または、IgE 抗体を生産しやすい素因の 2 つを併せもつ体質をいう（日本皮膚科学会、2018）。

(2) 主な症状

年齢によって症状が異なる。生後 2 ～ 6 か月頃より口の周り、頬、顎、頸部の湿潤性の皮疹から始まる。この時の皮疹は左右対称に分布している。

2 歳前後の幼児期になると、肘や膝の内側や脇の下など皮膚が擦れたり、曲がったりする場所の湿疹がひどくなり、その後、体幹や四肢など全身に広がる。皮膚はだんだん厚くなり乾燥して鳥肌のようになる。

治療としては、①薬物療法：抗炎症外用薬・副腎皮質ホルモン（ステロイド）外用薬などの塗布、抗ヒスタミン薬などの内服、②皮膚の生理学的異常に対する外用療法・スキンケア：入浴やシャワー浴と保湿外用薬の塗布、③悪化因子の検索と対策：汗、衣類などの刺激の除去、食物や吸入アレルゲン（ダニ・塵など）の除去が基本となる。

▶ 3 食物アレルギー

平成 27（2015）年度の厚生労働省の保育所入所児童のアレルギー疾患罹患状況調査によると、0 ～ 6 歳で食物アレルギーをもっている子どもの割合は 4.0％である。年齢別では 0 歳：6.4％、1 歳：7.1％、2 歳：5.1％、3 歳：3.6％、4 歳：2.8％、5 歳：2.3％、6 歳：0.8％となっている。また食材別アレルギーでは鶏卵が最も多く、次いで乳（乳製品を含む）、小麦と続いている（厚生労働省、2016）。

(1) 食物アレルギーとは

食物アレルギーとは、食物によって引き起こされる体にとって不利益な害を及ぼす現象をいう。食物アレルギーは、IgE 抗体依存性の即時型食物アレルギーと、IgE 抗体非依存型の非即時型食物アレルギーの2種類がある。ここでは、アナフィラキシーが生じやすい IgE 抗体依存型の即時型食物アレルギーについて述べる。

(2) 主な症状

原因となる食物を食べた後、2時間以内に症状が出現する（多くは30分以内）。皮膚症状としては蕁麻疹、痒み、発赤などがある。粘膜症状としては目が痒くなる、まぶたが腫れる、鼻水が出る、鼻がつまる、喉の痒み、イガイガなどがある。消化器症状としては腹痛、嘔吐、下痢などがある。呼吸器症状としては咳が出る、ゼーゼーする、声がかすれる、呼吸がしにくいなどがある。

これらの症状が全身に出現して症状が進行する状態を、アナフィラキシーという。その中でも、ぐったりしたり、意識がもうろうとしたり、呼びかけに反応できなくなったり、顔色が悪くなり血圧が低下する状態を、アナフィラキシーショックといい、直ちに対応しないと生命に関わる。アナフィラキシーショックが起こった場合は、速やかに医療機関に救急搬送することが基本となる。

保育所でアナフィラキシーに対応するため、エピペン®（アドレナリン自己注射製剤）を預かっている場合、生命に関わる緊急時には、その場にいる保育士等が注射することがある（体重15kg未満の子には処方不可）。ただし、使用後は速やかに救急搬送し、医療機関を受診する必要がある。保育者は保管管理や使用方法を熟知しておく必要がある。

▶ 4 気管支喘息

厚生労働省の調査では、2008年に小児喘息に罹患している子どものうち、幼稚園児で喘息にかかっている子どもは19.9％であった（厚生労

働省、2016)。また、東京都の調査では 2014 年に 3 歳児で喘息にかかっている子どもの割合は 9.9％、診断された時期は 12 か月から 18 か月未満が 27.0％と最も多かった（東京都、2015）。

アレルゲンとしてはチリやダニが多い。治療により軽快、治癒するが、まれに死に至ることもある。気道が過敏になっているため、気圧の変動を伴う低気圧や台風など、天候の刺激や寒冷刺激を受けた時、運動後や大泣きした後などに気道収縮を起こし、発作につながることが多い。

(1) 気管支喘息とは

小児喘息ではアトピー型が多く、特異的 IgE 抗体の値が高い。気道の炎症が特徴で、気道の過敏性が亢進している。

喘息発作は「小発作」「中発作」「大発作」に分けられている（日本小児アレルギー学会、2017）。5 歳以下の小児喘息を乳幼児喘息という。アレルゲンおよび発作の増悪因子を排除する環境整備、薬物による抗炎症治療で症状がコントロールできていれば通常の生活を送れる。

(2) 主な症状

気道の慢性炎症により気道の空気の通りが悪くなり（気道狭窄）、「ゼーゼー」「ヒューヒュー」（喘鳴）と聞こえ、吐く息が長く（呼気延長）なり、呼吸回数が増える（多呼吸）。また、座って呼吸をする（起坐呼吸）ようになり、喉の下や肋骨の下が呼吸時にへこむ呼吸（陥没呼吸）をする。唇や爪が紫色になる（チアノーゼ）ことがある。

「小発作」は話もでき、横になって休むことができる。喘鳴も軽度でチアノーゼもなく呼吸数は正常か少し、増加する。「中発作」は会話が語句で区切るようになり、座位を好むようになる。喘鳴は軽度、陥没呼吸は軽度、チアノーゼはなく、呼吸数は少し増加している。

「大発作」は興奮状態となり、意識もやや低下する。会話は一語区切りか不可能になり、起坐呼吸で前かがみの姿勢をとる。喘鳴と陥没呼吸が著明になる。チアノーゼが出現し、呼気が吸気の 2 倍となり、呼吸数が増加する。

　発作が生じた場合、気管支拡張剤（ベーター刺激薬）を使用することがある。気管支拡張剤はスペーサー（吸入補助器）を使って吸入する。保育所で気管支拡張剤とスペーサーを預かっている場合、保育士は保管管理や使用方法を熟知している必要がある。

第2節 ▶▶▶ 子どもの主な腎・泌尿器疾患

▶ 1　ネフローゼ症候群

　ここでは、保育所通園児の該当年齢に多く見られるネフローゼ症候群と、溶レン菌感染後急性糸球体腎炎について述べる。

　小児ネフローゼ症候群の約 90% は、原因不明な特発性ネフローゼ症候群である。そのうち 80% が微小変化型ネフローゼ症候群で、3 歳から 6 歳に好発し、男児に多い。ほとんどが副腎皮質ホルモン（ステロイド）薬に反応するが、再発することがある。

（1）ネフローゼ症候群とは

　腎臓の糸球体の基底膜という血液を濾過する部分に異常があり、血液を十分に濾過できないために、尿中に大量のタンパク質が出る。そのため、血液中のタンパク質が減り、全身に浮腫（むくみ）が生じる疾患の総称である。

（2）主な症状

　ネフローゼ症候群の症状は、高度のタンパク尿、浮腫、低タンパク血症、高コレステロール血症である。ネフローゼ症候群になると尿量が減り、体重が増加し全身に浮腫（上瞼や下肢など）が出て、食欲不振や嘔吐が出現する。

　治療としては、尿が出ずに浮腫がひどい間は、塩分や水分を制限し安静を保つ。しかし、尿が出始め浮腫が軽減したら塩分、水分制限をやめ

行動制限を拡大する。薬物療法としては副腎皮質ホルモン（ステロイド）薬が有効である。

► 2　溶レン菌感染後急性糸球体腎炎

子どもの急性腎炎症候群の中で最も頻度が高い。好発年齢は3～10歳である。ほとんどが治癒する。

（1）溶レン菌感染後急性糸球体腎炎とは

A群 β 溶結性レンサ球菌による急性扁桃炎や咽頭炎などにかかった後で発症する一過性の急性腎炎症候群である。

（2）主な症状

急性扁桃炎や咽頭炎などにかかってから1～3週間後に、突然血尿が出る。血尿は肉眼的血尿であることも多く、消失までに数か月かかることがある。最初は尿が出ない時期（乏尿期）があり、次に尿が出始める時期（利尿期）がある。浮腫は特に上瞼や上肢に強く出る。また、タンパク尿や高血圧を生じる。

血圧が高い時期は安静が必要である。必要に応じて水分・塩分・カリウムを制限する。尿が出始め、浮腫や高血圧が改善すれば、水分・食事制限を解除し、行動制限を拡大する。

第3節 »»» 内分泌疾患（糖尿病）

► 1　糖尿病

糖尿病とは、膵臓のランゲルハンス島の β 細胞から出るインスリンという血液中の糖（血糖）を一定の範囲に収めるホルモンが、十分に働かないために、血糖の値が高くなる疾患である。

大きく1型糖尿病と、2型糖尿病に分かれる。子どもが発症する糖尿

病は、そのほとんどが 1 型糖尿病である。ここでは、1 型糖尿病について述べる。

（1）1 型糖尿病とは

ある種のウイルス感染や自己免疫疾患などにより、インスリンがほとんど出なくなるため血糖値が高くなる。学童期の発症が多いが、幼児期の発症もある。日本での年間発症率は 10 万人に約 2.5 人である。

（2）主な症状

口の渇き（口渇）があり水分を多くとる（多飲）、尿の量が多くなる（多尿）、食べてもやせる、というのが主な症状である。だるさを訴え、疲れやすくなる（倦怠感）こともある。血糖が高くなると意識障害を起こすこともある。

治療は体の外から 1 日数回のインスリン注射でインスリンを補充し、血糖値のコントロールを行なう。血糖値のコントロールができていれば、運動や食事など日常生活の制限は必要ない。

【引用・参考文献】

桑野タイ子監修、本間昭子編『疾患別小児看護』（シリーズナーシング・ロードマップ）中央法規、2018 年

厚生労働省（東京慈恵会医科大学）「平成 27 年度子ども・子育て支援推進調査研究事業補助型調査研究保育所入所児童のアレルギー疾患罹患状況と保育所におけるアレルギー対策に関する実態調査」『調査報告書』2016 年、pp.96-97

厚生労働省「保育所におけるアレルギー対応ガイドライン」2019 年

鈴木美枝子編著、内山有子、田中和香菜・角田和也著『子どもの保健 I 』（これだけはおさえておきたい！保育者のための）創成社、2018 年

東京都健康安全研究センター「アレルギー疾患に関する 3 歳児全都調査」『調査報告書』2015 年、p.13.

日本小児アレルギー学会「小児気管支喘息 治療・管理ガイドライン」2017 年
　　https://www.jspaci.jp/assets/documents/jpgl2017_00_web.pdf

（2019.9.10最終アクセス）

日本皮膚科学会「アトピー性皮膚炎診断ガイドライン2018」

　　https://www.dermatol.or.jp/uploads/uploads/files/guideline/atopic_GL2018.pdf

　　（2019.9.10最終アクセス）

谷田貝公昭監修、高橋弥生編著『健康』（実践保育内容シリーズ①）一藝社、2018年

山本昇壯「アトピー性皮膚炎の患者数の実態及び発症・悪化に及ぼす環境因子の調査

　　に関する研究」『平成14年度厚生労働科学研究費補助金：免疫アレルギー疾患予

　　防・治療研究事業研究報告書』第1分冊、2013年、pp.71-77

（恩田清美）

第13章

主な疾患の特徴④
脳・神経の病気、その他の疾患

第1節 »» 子どもの脳・神経の病気

▶ 1 てんかん

てんかん（癲癇）の年間発病率は、人口10万人対約30人である。原因は様々であり、その原因によって予後が異なる。子どものてんかんは、70〜80％が完治すると言われている。

（1）てんかんとは

大脳の神経細胞が電気的に興奮しやすくなるため、その刺激により発作を繰り返し起こす慢性の脳疾患である。発作の型により「全般発作」と「部分発作」に分けられる。

また、症候群分類で乳幼児期に発症する代表的なものには「小児欠神てんかん」「ウエスト症候群（点頭てんかん）」などがある。

（2）主な症状

「全般発作」は大脳皮質全体の電気的な興奮で起こる。意識がなくなるだけでけいれんを伴わない発作（欠神発作）、意識があり体の一部や体全体の一瞬の動きやぴくつきがある発作（ミオクロニー発作）、意識がなく手足をガクガクさせる発作（間代性発作）、意識がなく全身のけいれんで手足や体がつっぱる発作（硬直性発作）や、意識がなく急に手足や体の力が抜ける発作（脱力発作）がある。

「部分発作」は、脳のある部分の神経細胞に生じた電気的な興奮で起こる。意識障害を伴わない発作を単純部分発作といい、意識障害を伴う

発作を複雑部分発作という。

「小児欠神てんかん」は突然意識がなくなり、ぼーっとした状態になり動作が止まったり、持っているものを落としたりする。この発作は10数秒程度で終わる。

「ウエスト症候群（点頭てんかん）」は、頭を突然ガクンと前に倒し、手足を左右対称に抱きかかえるような形で前に伸ばすような発作を、数秒から十数秒間隔で何回も同じ動きを繰り返す。生後3か月から1歳にかけて発症することが多い。

発作が起こった時は、あわてずに、声かけや痛みに対する反応があるかどうか意識状態を確認する。また、眼球の位置や四肢の動き、四肢の位置、動きの左右差、呼吸状態、顔色、けいれんの持続時間を観察する。体を締め付けている衣類はゆるめ、嘔吐する場合もあるので顔は横を向ける。保育所ではプールや外遊びの時には、子どもから目を離さないように気をつける。

▶ 2　熱性けいれん

生後6か月から5歳までの間に多く発症し、小児期では最も多いけいれんである。熱性けいれんの有病率は7〜11％である。日本では20〜30人の子どもに1人が熱性けいれんを経験している。

（1）熱性けいれんとは

38℃以上の発熱を伴って、突然けいれんを起こす。けいれんの原因となる髄膜炎や脳炎、代謝異常、脱水など明らかな異常がないものをいう。多くは1回のみであるが、2回以上のけいれんを30％が経験する。そのうち約5％はてんかんに移行する。

（2）主な症状

熱の上昇とともに突然、体を突っ張り、弓なりに反り意識がなくなる全身性の強直性けいれんである。もしくは、手足をガクガクさせ、曲げたり伸ばしたりを繰り返し、意識がなくなる間代性のけいれんを起こす。

この時眼球は上を向くことが多い。ほとんどが 5 分以内に自然に止まるけいれんである。体温の急激な上昇時にけいれんを起こすので、熱の状態に注意する。

　けいれんが起こった時は落ち着いて対応する。意識があるかないか確認する。また、眼球の位置や四肢の動き、四肢の位置、動きの左右差、呼吸状態、顔色、けいれんの持続時間を観察する。体を締め付けている衣類はゆるめ、嘔吐する場合もあるので顔は横を向ける。もし、けいれんが 5 分以上続いたり、けいれんがおさまった後に 2 度目のけいれんを起こしたり、意識がなく呼吸も少なく顔色も悪いようであれば、救急車を要請する。

第2節 »» 子どもの主な運動器の病気

► 1　発育性股関節形成不全症（先天性股関節脱臼）

　不安定な股関節を生後に足を無理に引き延ばすことで、股関節の脱臼が進行する。乳児下肢の良い肢位は M 字であるが、昔の三角オムツのように股関節を包み込み、股関節が曲げられず下肢を伸ばした肢位や、子どもを包む時に下肢をまっすぐに伸ばして巻き、股関節が曲げられない肢位が原因となることがある。以前は、先天性股関節脱臼といわれていた。女児に多く、男児の 5 ～ 7 倍といわれている。両側に起こるのは 10％以下でほとんどが片側に起こる。

（1）発育性股関節形成不全とは

　乳児の股関節は大腿骨の頭の部分で丸い形の大腿骨頭と、それを屋根のように覆う臼蓋からできている。大腿骨頭が臼蓋から外れてしまうものを「脱臼」、外れかかっているものを「亜脱臼」、臼蓋が十分に大腿骨骨頭を覆っていない状態を「臼蓋形成不全」という。出生前、出生後

（出生時）に股関節がこの状態になっていることを、発育性股関節形成不全という。

（2）主な症状

3か月から1歳では、股関節を開くときに開きにくく、特に脱臼している側の開きが悪くなる（開排制限^{かいはい}）、足の長さが脱臼側が短い（脚 長差^{きゃくちょう}）、大腿部や臀部に左右非対称のしわがあり、脱臼を起こしている側のしわが深く長い（大腿皮溝非対称^{だいたいひこうひたいしょう}）などがあり、乳児検診で発見されることが多い。オムツの当て方や抱き方に注意することで経過観察し、必要に応じて股関節を固定する装具を使って治療する。

1歳以降になると歩行開始が遅れることが多い。片側の脱臼であれば歩くときに跛行^{はこう}を認める。また、脱臼がある側の足だけで起立すると骨盤が反対側に傾斜することがある。歩行開始後に発見されると手術療法が必要になるので、早期に発見し治療することが大切である。

保育士は、おむつや衣服を変えるときに足の長さや大腿部や臀部^{でんぶ}のしわ、股関節の開き方の左右差に注意することが重要である。

予防のためにおみつは股関節を締め付けないように当て、衣類も股関節の動きを妨げないようなデザインにする。また、下肢の動きが制限されるので横抱きはせずに、哺乳時は膝に子どもをまたがらせるように座らせることも必要である。

▶ 2　骨折

子どもは、頭が体に比して大きく、バランス感覚が未熟なため、落ちたり転んだりなどで骨折することがある。子どもの骨は柔軟性があるため、大人の骨折のように骨折した骨と骨の間が完全に離開しない不全骨折を起こすことが多い。

（1）骨折の種類

不全骨折には、若木^{わかぎ}が折れ曲がった時のように骨皮質が一部連続性をもっている「若木骨折」や、骨の長い軸側に圧力が加わることで骨皮質

が骨の周りに盛り上がり竹節状になる「隆起骨折」がある。ほとんどが
外的な圧力が加わることで起こる外傷性骨折である。子どもは若木骨折
が多い。すべり台や鉄棒、ブランコやジャングルジム等で遊んでいて転
んだ時に、肘を伸ばしたまま手をついたために起こる上腕骨顆上骨折
がよく見られる。

(2) 主な症状

　骨折部を痛がる、骨折部を押したときに痛がる、骨折部位の腫れや変
形、関節部の骨折では関節が伸びにくい曲げにくいなど、可動域の制限
が見られる。また、完全骨折の場合は、普段動かない方向に曲げること
ができるなど異常な可動域が見られる。若木骨折の場合は、痛みのみで
他の症状が見られないこともある。骨折が疑われる場合は、患部を動か
ないように固定し、整形外科を受診する。

第3節 》》》 その他（耳・眼・皮膚）の病気

▶ 1　中耳炎

　子どもの耳管は成人と比べて太く短く角度が水平に近いため、かぜか
ら中耳炎に移行しやすい。また、副鼻腔の発達が十分でなく免疫機能
も十分でないため、中耳炎を繰り返すことが多い。中耳炎は、大きく急
性中耳炎と滲出性中耳炎に分けられる。

(1) 中耳炎とは

　急性中耳炎は、かぜをひいた後に咽頭の細菌が耳管を通って、鼓膜の
内側にある中耳腔に広がって炎症が起こる。そのため鼓膜の発赤や膨張
が起こる。原因となる細菌は肺炎球菌とインフルエンザ菌が多く、2歳
以下の乳幼児に多い。

　滲出性中耳炎は、鼓膜の後ろに液体がたまる。そのため中耳腔が陰圧

になり、鼓膜が陥没したり、鼓膜の動きが悪くなって耳の聞こえが悪くなる。

(2) 主な症状

急性中耳炎の主な症状は耳痛、耳漏（耳垂れ）、発熱である。好発時期が乳幼児期のため、言葉で痛みを伝えられないことが多い。かぜの後で機嫌が悪くなり耳を触ったり、頭を振るなどをすることもある。また、一度治った後にかぜをひくたびに中耳炎を繰り返したり、中耳炎が長引くこともある。抗菌剤の内服を行なう。鼓膜の膨張がひどく痛みが強い場合は鼓膜を切り（鼓膜切開）、中に溜まっている膿を出す（排膿）。

滲出性中耳炎の主な症状は、軽度から中度の難聴である。軽い耳の痛みや耳がつまった感じ（耳閉感）を訴えることもある。後ろから名前を呼んだり話しかけた時に振り向かない、何度も話を聞き返すような場合は、聞こえていない可能性があるので、早めに耳鼻咽喉科を受診する。難聴が著しい場合は鼓膜切開をしたり、繰り返し起こる時は鼓膜にチューブを留置したりする。また、アデノイド（咽頭扁桃）の圧迫で耳管が圧迫されている場合は、アデノイドの切除手術を行なうことがある。学童期になると自然治癒する場合が多い。

▶ 2 結膜炎

細菌やウイルスの感染や、花粉などのアレルギーが原因で結膜に起きた炎症である。大きく「流行性角結膜炎」と「アレルギー性結膜炎」に分けられる。

(1) 流行性角結膜炎とは

アデノウイルスが原因である。「はやり目」とも呼ばれるほどに感染力がとても強い。ウイルスに感染してから症状が出るのは約1週間程度である。保育所で感染者が出たら、ただちに保護者に迎えに来てもらい眼科を受診してもらう。学校保健安全法で指定される第三種学校感染症に分類されるので、「医師が感染の恐れがないと判断する」まで登園制

限がある。

　それと同時に、園児や職員は流水と石鹸で十分手洗いをする。タオル
は決して共有しない。ドアノブ、スイッチ、手すり遊具など、結膜炎の
子どもが触ったものを介して感染が広がるので保育所内を消毒する。こ
の時80％の消毒用アルコールで二度拭き（ぶ）を行なう（一度拭いてから乾燥し
たあともう一度拭く）か、次亜塩素酸ナトリウムで拭くと良い。家庭用の
漂白剤には次亜塩素ナトリウムが約5％の濃度で含まれているので、
0.1％の漂白剤液を作り二度拭きをしても良い。

(2) 主な症状

　白目の充血、黄色い目やに、目の掻痒感（そうようかん）、瞼（まぶた）の腫脹（しゅちょう）、白目に膜がか
かったようになる、涙が出るなどが主な症状である。治療は点眼薬を使
用する。

▶2 伝染性膿痂疹（のうかしん）（とびひ）

　夏に多く発生し、主な原因菌は黄色ブドウ球菌とレンサ球菌である。
黄色ブドウ球菌によるものが多く感染力が強い。

(1) 伝染性膿痂疹（とびひ）とは

　汗疹や虫刺され、湿疹などを掻（か）き壊して、そこに黄色ブドウ球菌等が
感染し発生する。小さな水泡ができ、その後、水泡の内容が膿（うみ）のように
なり、その水泡が破れて他の部位に付くことで広がる接触感染である。
学校保健安全法で第三種学校感染症に分類されるので、「医師が感染の
恐れがないと判断する」まで登園制限がある。

(2) 主な症状

　皮膚が剥ける水泡性膿痂疹（すいほうせい）と、炎症が強くカサブタが厚く付いたよう
な皮膚になり水泡ができない痂皮性膿痂疹（かひせい）がある。痒みがあるため、子
どもが掻いたり気になって触ることで菌が手指につき、他の部位に広が
るので、患部をガーゼ等で覆い、他の部位に広がらないようにする。抗
菌剤の内服で治癒する。水泡部分をガーゼなどでしっかり覆い露出して

いなければ登園許可が出ることが多いが、プールや水遊びは控える。

　また、自分でガーゼをとって膿痂疹に触ったり、広範囲に膿痂疹ができている場合は保育園を休ませる場合もある。

【引用・参考文献】

厚生労働省「保育所における感染症対策ガイドライン2018年改訂版」
　　　https://www.mhlw.go.jp/file/06-Seisakujouhou-11900000-Koyoukintoujidoukateik
　　　yoku/0000201596.pdf〉（2019.9.24最終アクセス）

鈴木美枝子編著、内山有子・田中和香菜・角田和也著『これだけはおさえたい！ 保
　　　育者のための子どもの保健Ⅰ』創成社、2018年

鈴木美枝子編著、内山有子・田中和香菜・両角理恵著『これだけはおさえたい！ 保
　　　育者のための子どもの保健Ⅱ』創成社、2018年

日本小児神経学会監修『熱性けいれん診療ガイドライン』診断と治療社、2015年

日本小児神経学会監修『小児けいれん重積治療ガイドライン』診断と治療社、2017年

谷田貝公昭監修、谷田貝公昭・高橋弥生編『健康』（実践保育内容シリーズ①）一藝社、
　　　2018年

（恩田清美）

第14章
主な疾病の特徴⑤感染症

第1節 》》 子どもと感染症

　子どもの健康支援については、「保育所保育指針」の第3章「健康及び安全」に記載されている。

　特に感染症については、「感染症やその他の疾病（しっぺい）の発生予防に努め、その発生や疑いがある場合には、必要に応じて嘱託医、市町村、保健所等に連絡し、その指示に従うとともに、保護者や全職員に連絡し、予防法について協力を求めること。また、感染症に関する保育所の対応方法について、あらかじめ関係機関の協力を得ておくこと。看護師等が配置されている場合には、その専門性を生かした対応を図る」（第3章 1-(3)イ）と、明記されている。

▶ 1　免疫とは

　乳幼児期は、母親由来の免疫（めんえき）が減少し、様々な感染症に罹患（りかん）することで、自らの免疫を高めていく時期である。

　免疫とは、体内に病原体や毒素などが侵入しても、発病に至らない抵抗力のことである。

　出生前に、母親の胎盤（たいばん）を通して胎児に伝えられた免疫力は、出生後6か月まで継続した後、消失してしまう。子どもは、免疫を含む母乳を飲むことによって、免疫を獲得する。

　体内に病原体や毒素（抗原）が侵入すると、すぐに対抗する抗体をつくり、攻撃する反応が起こる。この反応によって得る免疫を、自然免疫

という。同じ種類の抗原が２度目に体内に侵入してくると、すでに記憶されている免疫がすぐに反応する。これを獲得免疫という。

　母体由来の免疫が消失する乳児期後半からは、感染によって乳児自身が抗体を産生する感染症に罹患し、免疫を獲得するまでは、感染症にかかりやすい時期といえる。

　さらに乳幼児は、大人に比べて体力も少ないため、感染症に罹患すると悪化しやすく、重 篤になりやすいという特徴がある。保育所など集団生活を行なっている場所では感染が広がりやすく、集団感染にもなりやすい。そこで、次のことをよく理解し、感染拡大予防に務めることが必要である。

▶２　感染源

　感染とは、環境の中（大気、水、土壌、動物〔人間も含む〕）に存在する病原性の微生物が、人間の体内に侵入することで引き起こされる疾患である。

　感染源としては、環境中に存在する病原性の微生物であるウイルス（インフルエンザウイルス、ノロウイルス等）、マイコプラズマ、リケッチア、クラミジア、細菌（腸管出血性大腸菌、コレラ菌等）、カビ（白癬菌、カンジダ等）、原虫（アニサキス、マラリア原虫等）等がある。

▶３　感染経路

　主な感染経路は、空気感染、飛沫感染、接触感染、経口感染、血液感染がある（**図表14-1**）。

　空気感染・飛沫感染とは、次のように考えられる。感染している人が咳やくしゃみ、会話などをすると、細かい水滴が飛び散る。この水滴を「飛沫」と言い、病気の原因となるウイルスや細菌が含まれている。これを近くにいる人が吸い込むことで感染するのである。飛沫が飛び散る範囲は１～２ｍ位である。ただし、空気感染は、飛び散った飛沫核が直

図表 14-1　感染経路と主な病原体

感染経路	主な病原体
空気感染	麻疹ウイルス、水痘ウイルス、結核菌
飛沫感染	風疹ウイルス、百日咳菌、流行性耳下腺炎ウイルス、溶連菌、肺炎球菌、髄膜炎菌、マイコプラズマ、アデノウイルス、インフルエンザウイルス、など
接触感染	多剤耐性菌（MRSA）、腸管出血性大腸菌（O-157 など）、サルモネラ菌、ロタウイルス、RS ウイルス、水痘・帯状疱疹ウイルス、A 型肝炎ウイルス、など
経口感染	ロタウイルス、ノロウイルス
血液感染	B 型肝炎ウイルス、C 型肝炎ウイルス

出典［岩田、2014］を基に筆者作成

径 5 μm より小さく、長時間空中を浮遊し、空気の流れによって拡散するので、感染範囲は空間内全域と広い。

　接触感染は、皮膚や粘膜の直接的な接触、または、手すりやドアノブなど物体表面を介しての間接的接触で病原体が接触し、感染する。

　経口感染は、病原体を含んだ食べ物や水分を口にすることで、感染が起こる。

　血液感染は、血液には病原体が潜んでいることがあり、他人の血液が傷ついた皮膚や粘膜に付着することで、感染が起こる。

▶ 4　子どもが発熱しやすい特徴

　感染症のほとんどの症状は、発熱から始まることが多い（**図表 14-2**）。それは、発熱しやすい特徴があるからである。

　まず、乳幼児は体温調節機能が未熟であるため、体温が安定しにくい。体温は不安定で高体温になりやすく、環境温度の影響を受け変動しやすい（気温・室温・衣類）。さらに、皮下脂肪層が少なく筋肉層も薄いため、熱放散が大きくなり、低体温にもなりやすい。また、成長・発達に伴い新陳代謝が活発であるため、成人に比べて平熱が高い。そして、免疫力が弱いため、細菌やウイルスによる感染症に罹患しやすいのである。

116

図表 14-2　子どもが発熱しやすい特徴

特　徴	内　容
体重の割合に比べて基礎代謝が大きい。	発熱体としての小児の熱容量は小さく、体温が安定しにくい。
体温調節中枢が未発達である。	体温は不安定で高体温になりやすく、環境温度の影響を受け、変動しやすい（気温・室温・衣類）。
体重に比べて体表面積が大きい。	皮下脂肪層が少なく、筋肉層も薄いため熱放散が大きい。
発汗機能が未熟である。	うつ熱になりやすい。
皮膚血管の温度に対する反応が緩慢である。	
免疫力が弱い。	細菌やウイルスによる感染症に罹患しやすい。
新陳代謝が盛んである。	運動量も活発であるため、成人に比べて体温が高い。

出典［中野、2016］を基に筆者作成

第2節»» 感染症法

　感染症法は、2008 年 5 月 2 日に改正（5 月 12 日施行）された。症状の重さや病原体の感染力などから、感染症を、一類から五類の 5 種の感染症と、「指定感染症」「新感染症」「新型インフルエンザ等感染症」の、8 種類に分類している。感染症の種類によって医療機関の対処法も異なっており、それぞれの危険度に対応した対策がとれるように規定している（**図表 14-3**）。

　なお、感染症法の正式名称は、「感染症の予防及び感染症の患者に対する医療に関する法律」という。1998 年に制定（翌年に施行）された。それまでの「伝染病予防法」「性病予防法」「エイズ予防法（後天性免疫不全症候群の予防に関する法律）」が統合された法律である（2007 年には、「結核予防法」も感染症法に統合された）。

図表14-3　感染症法の分類と対象となる感染症

分類	分類の考え方	感染症の疾病名等
一類感染症	感染力と罹患した場合の重篤性等に基づく総合的な観点から見た危険性の程度に応じて分類	【法】エボラ出血熱、クリミア・コンゴ出血熱、痘そう（天然痘）、南米出血熱、ペスト、マールブルグ病、ラッサ熱
二類感染症		【法】急性灰白髄炎、ジフテリア、重症急性呼吸器症候群（SARSコロナウイルスに限る）、結核、鳥インフルエンザ（病原体がインフルエンザウイルスA属インフルエンザAウイルスであってその血清亜型がH5N1であるものに限る。以下「鳥インフルエンザ（H5N1）」という。）
三類感染症		【法】腸管出血性大腸菌感染症、コレラ、細菌性赤痢、腸チフス、パラチフス
四類感染症	一類～三類感染症以外のもので、主に動物等を介してヒトに感染	【法】E型肝炎、A型肝炎、黄熱、Q熱、狂犬病、炭疽、鳥インフルエンザ（鳥インフルエンザ（H5N1）を除く。）、ボツリヌス症、マラリア、野兎病 【政令】ウエストナイル熱、エキノコックス症、オウム病、オムスク出血熱、回帰熱、キャサヌル森林病、コクシジオイデス症、サル痘、重症熱性血小板減少症候群（SFTS）、腎症候性出血熱、西部ウマ脳炎、ダニ媒介脳炎、チクングニア熱、つつが虫病、デング熱、東部ウマ脳炎、ニパウイルス感染症、日本紅斑熱、日本脳炎、ハンタウイルス肺症候群、Bウイルス病、鼻疽、ブルセラ症、ベネズエラウマ脳炎、ヘンドラウイルス感染症、発しんチフス、ライム病、リッサウイルス感染症、リフトバレー熱、類鼻疽、レジオネラ症、レプトスピラ症、ロッキー山紅斑熱
五類感染症	国民や医療関係者への情報提供が必要	【法】インフルエンザ（鳥インフルエンザ及び新型インフルエンザ等感染症を除く。）、ウイルス性肝炎（E型肝炎及びA型肝炎を除く。）、クリプトスポリジウム症、後天性免疫不全症候群、性器クラミジア感染症、梅毒、麻しん、メチシリン耐性黄色ブドウ球菌感染症 【省令】アメーバ赤痢、RSウイルス感染症、咽頭結膜熱、A群溶血性レンサ球菌咽頭炎、感染性胃腸炎、急性出血性結膜炎、急性脳炎（ウエストナイル脳炎、西部ウマ脳炎、ダニ媒介脳炎、東部ウマ脳炎、日本脳炎、ベネズエラウマ脳炎及びリフトバレー熱を除く。）、クラミジア肺炎（オウム病を除く。）、クロイツフェルト・ヤコブ病、劇症型溶血性レンサ球菌感染症、細菌性髄膜炎、ジアルジア症、侵襲性インフルエンザ菌感染症、侵襲性髄膜炎菌感染症、侵襲性肺炎球菌感染症、水痘、性器ヘルペスウイルス感染症、尖圭コンジローマ、先天性風しん症候群、手足口病、伝染性紅斑、突発性発しん、破傷風、バンコマイシン耐性黄色ブドウ球菌感染症、バンコマイシン耐性腸球菌感染症、百日咳、風しん、ペニシリン耐性肺炎球菌感染症、ヘルパンギーナ、マイコプラズマ肺炎、無菌性髄膜炎、薬剤耐性アシネトバクター感染症、薬剤耐性緑膿菌感染症、流行性角結膜炎、流行性耳下腺炎、淋菌感染症

指定感染症	既知の感染症で、一類から三類感染症と同等の措置を講じなければ、国民の生命及び健康に重大な影響を与えるおそれ	鳥インフルエンザ（病原体がインフルエンザウイルスＡ属インフルエンザＡウイルスであってその血清亜型がH7N9であるものに限る。）
新感染症	ヒトからヒトに伝染する未知の感染症であって、重篤かつ国民の生命及び健康に重大な影響を与えるおそれ	（現在は該当なし）
新型インフルエンザ等感染症	新たに人から人に伝染する能力を有することとなったインフルエンザであって、国民が免疫を獲得していないことから、全国的かつ急速なまん延により国民の生命及び健康に重大な影響を与えるおそれ	【法】新型インフルエンザ、再興型インフルエンザ

出典［厚生労働省、2014］を参考に筆者作成
（注：【法】とは、旧・伝染病予防法において規定されていた感染症、【政令】とは、内閣の命令で規定されていた感染症、【省令】とは、厚生労働省の命令で規定されていた感染症を指す）

第3節 »» 学校感染症法

　学校感染症とは、学校における保健管理の特異性を考慮した感染症のことである（**図表14-4**）。特に留意する必要のある事項については、学校保健安全法（旧学校保健法）、並びに保健安全法施行規則で、規定されている。保育所は、厚生労働省が所管する児童福祉施設であるが、子どもの健康診断および保健的対応については、学校と同様に学校保健安全法に準拠して行なわれる。

図表 14-4　学校感染症法

第 1 種

エボラ出血熱・クリミアコンゴ出血熱・ペスト・マールブルク病・ラッサ熱・急性灰白髄炎・コレラ・細菌性赤痢・ジフテリア・腸チフス・パラチフス

＊以上は、治癒するまで出席停止

第 2 種

病名	出席停止の基準	主な症状	病原体	感染経路	潜伏期間
インフルエンザ	発症後 5 日、かつ、解熱後 2 日（幼児 3 日）が経過するまで	突然の高熱、倦怠感、食欲不振、関節痛、筋肉痛、喉の痛み、鼻汁、咳	インフルエンザウイルス	飛沫	1 ～ 4 日
百日咳	特有な咳が消失するまで、または、5 日間の適正な抗菌薬による治療が終了するまで	コンコンと咳き込んだ後、ヒューという笛を吹くような音を立てて息を吸う。	百日咳菌	飛沫接触	7 ～ 10 日
麻しん（はしか）	解熱した後 3 日を経過するまで	高熱、咳、鼻水、結膜充血、目やに、口の中に白いつぶつぶ（コプリック斑）、その後顔や頸部に発疹が出現する	麻しんウイルス	飛沫接触空気	8 ～ 12 日
流行性耳下腺炎（おたふく風邪）	耳下腺、顎下腺または舌下線の腫脹が発現した後 5 日間を経過し、かつ、全身状態が良好となるまで	発熱、唾液腺（耳下腺・顎下腺・舌下腺）の腫脹・疼痛	ムンプスウイルス	飛沫接触	16 ～ 18 日
風しん	発疹が消えるまで	発疹が顔や頸部に出現し全身へと広がる、発熱・リンパ節腫脹	風しんウイルス	飛沫	16 ～ 18 日
水痘（水ぼうそう）	すべての発疹が痂皮化するまで	発疹が顔や頭部に出現し全身へと広がる。発疹は斑点症状の赤い丘疹から始まり水疱（水ぶくれ）となり、最後は痂皮（かさぶた）となる	水痘・帯状疱疹ウイルス	飛沫空気	14 ～ 16 日
咽頭結膜炎（プール熱）	主要症状が消失した後 2 日を経過するまで	高熱、扁桃腺炎、結膜炎	アデノウイルス	飛沫接触	2 ～ 14 日
結核	症状により学校医その他の医師が感染の恐れがないと認めるまで	慢性的な発熱（微熱）、咳、疲れやすさ、食欲不振、顔色の悪さ	結核菌	空気	3 か月～数 10 年
髄膜炎菌性髄膜炎	症状により学校医その他の医師が感染の恐れがないと認めるまで	発熱、頭痛、嘔吐、劇症型は紫斑を伴いショックに陥る。早期治療が必要である	髄膜炎菌	飛沫接触	4 日以内

出典［厚生労働省、2018］を参考に筆者作成

【引用・参考文献】

岩田力原案監修〔DVD〕『目で見る子どもの保健　病気編vol.2感染章』医学映像教育センター、2014年

厚生労働省健康局結核感染症課「感染症の範囲及び類型について」(平成26〔2014〕年3月) https://www.mhlw.go.jp/file/05-Shingikai-10601000-Daijinkanboukouseikagakuka-Kouseikagakuka/0000040509.pdf（2019.8.30最終アクセス）

厚生労働省「保育所における感染症ガイドライン（2018年改訂版）」(平成30〔2018〕年3月) www.mhlw.go.jp/file/06-Seisakujouhou-11900000-Koyoukintoujidoukateikyoku/0000201596.pdf（2019.8.30最終アクセス）

中野綾美編著『小児の発達と看護〔第5版〕』(ナーシング・グラフィカ―小児看護学〔1〕) メディカ出版、2016年

（上松恵子）

第15章
子どもの疾病の予防と適切な対応

第1節 >>> 予防接種

► 1　予防接種とは

　予防接種は、「予防接種法」が制定された1948（昭和23）年から実施されるようになり、多くの感染症の流行防止に役立ってきた。

　乳幼児期は免疫学的に未成熟な時期である。乳児は、感染症に罹患すると全身状態が重篤になる場合があり、対象年齢に応じた予防接種が重要となる。予防接種は、まれに死亡や重篤な副反応が起こることがあり、十分な予診、問診が必要である。

　幼児期は、集団生活が始まることによって、活動範囲の広がりに伴い様々な病原体に曝露され、感染症に罹患する危険性はさらに高まる。しかしながら、その免疫機能は、未熟であり、感染予防行動も獲得段階にあるため感染を起こしやすい。したがって、早期の感染予防行動の獲得と、子ども自身の自衛的体力強化、体力の増進のための心身の強化が必要であり、体力の増進のための心身の鍛錬、予防接種による能動的免疫の確保が課題である。

　重症化しやすい感染症は、個人的な影響のみならず、周囲の人々への拡大など、社会的な影響も大きい。予防接種の意義、方法、発赤や発熱などの副反応について十分に理解し、子どもにとって最適の方法で予防接種を行なえるように支援する。また、子どもに接する保育士においても、抗体検査とその結果に基づく予防接種の実施が必要である。

　保育園における感染症対策として、厚生労働省より「保育所における感染症対策ガイドライン（2018年改訂版）」が発行された。感染症予防については、感染症成立の三大要因である感染源、感染経路、感受性への対策が重要である。

　病原体の付着や増殖を防ぐこと、感染経路を断つこと、予防接種を受けて感受性のある状態（免疫をもっていない状態）をできる限り早く解消することが大切であること等が説明されている。

► 2　予防接種の実施

　予防接種には、法律に基づいて市区町村が主体となって実施する「定期接種」と希望者が各自で受ける「任意接種」がある。

（1）定期接種

　図表 15-1 に示した 12 疾病がある。対象者には接種の努力義務が課せられている。

（2）任意接種

　乳幼児を対象とした任意接種には、**図表 15-2** に示した 3 疾病がある。

図表 15-1　乳幼児を対象とした定期の予防接種

ワクチン名	予防できる感染症
Hib（ヒブ）ワクチン	Hib（ヒブ）感染症 （細菌性髄膜炎、喉頭蓋炎等）
小児用肺炎球菌ワクチン	小児の肺炎球菌感染症 （細菌性髄膜炎、敗血症、肺炎等）
B 型肝炎ワクチン	B 型肝炎
4 種混合ワクチン	ジフテリア、百日せき、破傷風、ポリオ
BCG	結核
MR（麻疹、風疹混合）ワクチン	麻疹、風疹
水痘ワクチン	水痘
日本脳炎ワクチン	日本脳炎

（筆者作成）

図表 15-2　乳幼児を対象とした任意の予防接種

ワクチン名	予防できる感染症
ロタウイルスワクチン	感染性胃腸炎
おたふくかぜワクチン	おたふくかぜ（流行性耳下腺炎）
インフルエンザワクチン	インフルエンザ

（筆者作成）

図表 15-3　予防接種が不適当および要注意の子ども

接種不適当	・明らかに発熱のある子ども ・重篤な急性疾患にかかっていることが明らかな子ども ・その疾患の予防接種の接種後の成分によってアナフィラキシーを呈したことが明らかな子ども ・その他、予防接種を行うことが不適当な状態にある子ども
接種要注意	・心臓血管系疾患・腎臓疾患・肝臓疾患・血液疾患および発育障害などの基礎疾患を有することが明らかな子ども ・前回の予防接種で 2 日以内に発熱のみられた子ども、全身性発疹などの症状を呈したことのある子ども ・過去にけいれんの既往がある子ども ・過去に免疫不全の診断がなされている子ども ・接種しようとする接種液の成分によってアナフィラキシーを呈する恐れのある子ども ・BCG については、過去に結核患者との長期の接触がある子どもおよびその他の結核感染の疑いのある子ども

（筆者作成）

図表 15-4　各ワクチンの代表的な副反応

ワクチン	副反応
BCG	接種後 10 日～ 4 週間のあいだに接種部に発赤・硬結・腫脹・痂皮形成といった一連の変化が生じ、1 ～ 3 カ月で消退する。
ポリオ	・接種部位の発赤　　数% ・硬結　　　　　　　数～ 10% ・圧痛　　　　　　　10 ～ 30% ・麻痺　　　　　　　440 万回接種あたり 1 件
DT*	局所反応が最も多く、接種後 7 日目までに約 28%に認める。
MR**	・発熱　　　　　約 13% ・麻疹様の発疹　約 6%

＊ DT：ジフテリア・破傷風混合ワクチン、＊＊ MR：麻疹・風疹混合ワクチン（筆者作成）

▶ 3　実施の留意点

　予防接種が不適当および要注意の子ども（**図表 15-3**）、また各ワクチンの代表的な副反応（**図表 15-4**）について把握、理解しておくとよい。

第2節 ⟫⟫⟫ アレルギー疾患の対応

▶ 1　主なアレルギー疾患の特徴と対応の基本

　アレルギー疾患とは、本来なら反応しなくてもよい無害なものに対する過剰な免疫反応である。乳幼児がかかりやすい代表的なアレルギー疾患を、以下の **(1)** ～ **(5)** に示した。

　乳幼児の場合、アレルギー性疾患をどれか一つだけ発症するケースは少なく、複数の疾患を合併していることが多くみられる。乳児期に食物アレルギー・アトピー性皮膚炎として発症し、年齢とともに喘息・アレルギー性鼻炎・結膜炎などの症状が次々と出現することが多く、「アレルギーマーチ」とよばれる。

(1)　食物アレルギーと対応の基本

①食物アレルギー

　特定の食物を摂取した後にアレルギー反応を介して皮膚・呼吸器・消化器、あるいは全身性に生じる症状であり、そのほとんどは食物に含ま

図表 15-5　食物アレルギーにより引き起こされる緊急性の高い症状

消化器の症状	・繰り返し吐き続ける	・持続する強い（がまんできない）腹痛
呼吸器の症状	・のどや胸が締めつけられる ・持続する強い咳込み	・声がかすれる　　・犬が吠えるような咳 ・ゼーゼーする呼吸　・息がしにくい
全身の症状	・唇や爪が青白い ・意識がもうろうとしている	・脈を触れにくい、不規則 ・ぐったりしている

（筆者作成）

れるタンパク質が原因である。

　アレルギー反応により、蕁麻疹などの皮膚症状、腹痛や嘔吐などの消化器症状、息苦しさなどの呼吸器症状が複数同時にかつ急激に出現した状態を「アナフィラキシー」という（**図表15-5**）。その中でも血圧の低下、意識レベルの低下、脱力がみられる場合は「アナフィラキシーショック」であり、生命をおびやかす危険性が高い。

　②原因食物と有病率

　わが国の即時型食物アレルギーの有病率は、近年急増しており、乳幼児期では5〜10%、学童期では3〜5%と推定されている。乳児期に発症した食物アレルギーの多くは、幼児期に軽症化、ないしは治癒する（耐性獲得）。

　一方、幼児期やそれ以降に発症した食物アレルギーは耐性を獲得しにくい。乳幼児期では鶏卵、牛乳、小麦が主要なアレルゲン（頻度は鶏卵、牛乳、小麦の順）となる。その後、甲殻類、ソバ、魚類、果物、種実などによる食物アレルギーが増加する。

　③食物アレルギーへの対応

　食物アレルギーのある子どもへの食対応は、安全への配慮を重視し、原因食物を除去する。基本的に保育園で「初めて食べる」食物がないように保護者と確認をとり合う。

　④緊急時の対応

　乳幼児がアナフィラキシー等の重篤な反応が起きた場合には、速やかに医療機関に救急搬送することが基本となる。しかし、もし乳幼児がアナフィラキシーショックに陥り、生命が危険な状態にある場合には、「エピペン®」（アドレナリン筋肉注射剤）を、自ら注射できない子どもに代わって注射する。

　「エピペン®」の使用については、厚生労働省「保育所における感染症対策ガイドライン」を参照し、事前に、保育園全体として組織的に対応できるように準備しておくことが重要である。

(2) 気管支喘息と対応の基本

①気管支喘息

乳幼児期の発症が著明である。患児の約80%が3歳未満で、約90%が6歳までに発症し、長期的な管理を必要とする慢性疾患である。また、致死的な重篤発作が起こりうることを忘れてはならない。

気道の炎症を抑制し、発作のない状態を持続し、子どもと家族の日常生活のQOL（＝ Quality of life：生活の質）を保障すること、つまり、喘息のない子どもたちと同じような生活が送れるようにすることを目標にサポートすることが大切である。

発作性におこる気道 狭 窄（きょうさく）によって、喘鳴（ぜんめい）（ゼーゼー、ヒューヒュー）や呼気延長、呼吸困難を繰り返す疾患である。これらの症状は自然、ないし治療により軽快する。

喘息発作による喘鳴は、チリ・ダニや動物の毛、食物などのアレルゲン（アレルギーの原因となる抗原）に対するアレルギー反応により、起こりやすくなる。また、運動などの刺激により運動誘発喘息発作を起こす場合がある。

②気管支喘息への対応

（ア）環境調整：気管支喘息発作の予防には、アレルギー反応を回避する観点から、室内塵にチリ、ダニ、ペット、真菌などの吸入アレルゲン（患児個々によって異なる）を除去するよう努める。また、たばこの煙やホルムアルデヒドなどの化学汚染物質は、喘息に限らずアレルギー性疾患すべての発症や増悪に関与するため、生活環境から極力排除する。保育所においても、アレルゲンを減らすための環境整備が極めて重要である。所内の清掃および寝具の清潔に留意する必要がある。

（イ）薬物治療：長期管理薬（コントローラー）の中核は抗炎症薬であり、なかでも吸入ステロイド薬とロイコトリエン受容体拮抗薬（気管支喘息・アレルギー性鼻炎治療薬）が重要である。良好なコン

トロールが得られても薬剤の減量・中止を急がず、慎重に治療の
ステップダウンを行なう。

（ウ）運動療法：運動は喘息発作の代表的な誘因（運動誘発気道収縮）
であるが、抗喘息薬の活用、運動の種類（水泳は発作が起こりにく
い）、準備体操などを工夫して積極的に取り組む。保護者より、
気管支喘息の治療状況の情報を得て、保育所での運動等の生活に
ついて、事前に相談する必要がある。

(3) アトピー性皮膚炎と対応の基本

①アトピー性皮膚炎

アトピー性皮膚炎は、皮膚にかゆみのある湿疹が出たり治ったりする
ことを繰り返す疾患である。乳幼児では、顔、首、肘などに現れること
が多いが、ひどくなると全身に広がる。悪化因子は、ダニ、ホコリ、食
物、動物の毛、汗、石鹸、洗剤、プールの塩素、生活リズムの乱れ、風
邪などの感染症など、様々である。

②アトピー性皮膚炎への対応

多くの場合、適切なスキンケアや治療によって症状のコントロールは
可能である。皮膚は刺激に敏感であり、皮膚の状態が悪い場合には、皮
膚への負担を少なくする配慮が必要である。保護者と対応について相談
をしておく。

(4) アレルギー性結膜炎と対応の基本

①アレルギー性結膜炎

目の結膜に、アレルギー反応による結膜炎が起こり、目のかゆみ、涙
目、異物感、目やになどの症状を起こす。原因となる主なアレルゲンは、
ハウスダスト、ダニ、動物の毛、花粉（スギ、カモガヤ、ブタクサ）など
である。

②アレルギー性結膜炎への対応

目の状態により、点眼薬（抗アレルギー薬など）を使用する。プールに
用いる塩素は、悪化要因となるため、配慮が必要である。季節性アレル

ギー性結膜炎（花粉症）の場合、花粉の飛んでいる時期は、花粉の飛散量に留意する。

　屋外での活動後に、土ぼこりの影響で症状の悪化がみられることもあり、必要に応じて顔を拭く。

(5) アレルギー性鼻炎と対応の基本

①アレルギー性鼻炎

　鼻の粘膜にアレルギー反応による炎症が起こり、発作性で反復性のくしゃみ、鼻水、鼻づまりなどの症状を引き起こす。原因となる主なアレルゲンは、ハウスダスト、ダニ、動物の毛、花粉（スギ、カモガヤ、ブタクサ）などである。

②アレルギー性鼻炎と対応の基本

　原因花粉の飛散時期の屋外活動により、症状が悪化することがあることに留意する。

【引用・参考文献】

中野綾美編著『小児の発達と看護』メディカ出版、2019年

奈良間美保・丸光惠・堀妙子ほか11人『小児臨床看護学概論・小児看護総論――小児看護学①』医学書院、2015年

奈良間美保・丸光惠・西野郁子ほか33人『小児臨床看護各論――小児看護学②』医学書院、2015年

NIID国立感染症研究所「日本の定期／任意予防スケジュール」（2018年7月26日〜）
https://www.niid.go.jp/niid/ja/vaccine-j/2525-v-schedule.html
（2019.8.19最終アクセス）

厚生労働省「保育所における感染症対策ガイドライン」（2018年改訂版）
https://www.mhlw.go.jp/file/06-Seisakujouhou-11900000-Koyoukintoujidoukateikyoku/0000201596.pdf　（2019.8.19最終アクセス）

厚生労働省「保育所におけるアレルギー対応ガイドライン」（2019年改訂版）
https://www.mhlw.go.jp/content/000511242.pdf　（2019.8.19最終アクセス）

（中垣紀子）

【監修者紹介】

谷田貝公昭（やたがい・まさあき）
　目白大学名誉教授、NPO法人子どもの生活科学研究会理事長
［主な著書］『図説・子ども事典』（責任編集、一藝社、2019年）、『改訂新版・保育用語辞典』（編集代表、一藝社、2019年）、『改訂版・教職用語辞典』（編集委員、一藝社、2019年）、『新版 実践・保育内容シリーズ［全6巻］』（監修、一藝社、2018年）、『しつけ事典』（監修、一藝社、2013年）、『絵でわかるこどものせいかつずかん［全4巻］』（監修、合同出版、2012年）ほか

【編著者紹介】

吉田直哉（よしだ・なおや）
　大阪府立大学地域保健学域教育福祉学類准教授
［主な著書］『再訂版・保育原理の新基準』（単編著、三恵社、2018年）、『子育てとケアの原理』（共著、北樹出版、2018年）、『子どもの未来を育む教育・保育の実践知』（共著、北大路書房、2018年）、『新版 教育原理』（コンパクト版・保育者養成シリーズ／共著、一藝社、2018年）ほか

糸井志津乃（いとい・しづの）
　目白大学看護学部看護学科教授 看護学科長
［主な著書］『改訂新版・保育用語辞典』（編集委員、一藝社、2019年）、『改訂版・教職用語辞典』（共著、一藝社、2019年）、『新版 児童家庭福祉論』（コンパクト版・保育者養成シリーズ／共著、一藝社、2018年）、『子どもの保健Ⅱ』（保育者養成シリーズ／共著、一藝社、2016年）ほか

【執筆者紹介】（五十音順）

糸井志津乃（いとい・しづの）　　　　［第1章］
　　〈編著者紹介参照〉

上松恵子（うえまつ・けいこ）　　　　［第8章、第14章］
　　和洋女子大学看護学部看護学科准教授

遠藤由美子（えんどう・ゆみこ）　　　　［第11章］
　　聖ヶ丘教育福祉専門学校専任教員

恩田清美（おんだ・きよみ）　　　　［第12章、第13章］
　　和洋女子大学看護学部看護学科講師

金井玉奈（かない・たまな）　　　　［第5章］
　　富士心身リハビリテーション研究所 所長

川田憲一（かわだ・けんいち）　　　　［第2章］
　　千葉経済大学短期大学部非常勤講師

中垣紀子（なかがき・のりこ）　　　［第10章、第15章］
　　和洋女子大学看護学部看護学科教授

西田　希（にしだ・のぞみ）　　　　［第6章］
　　目白大学人間学部子ども学科専任講師

橋本惠子（はしもと・けいこ）　　　［第9章］
　　日本社会事業大学非常勤講師

三田侑希（みた・ゆき）　　　　　　［第4章］
　　目白大学人間学部子ども学科助教

弓場紀子（ゆみば・のりこ）　　　　［第7章］
　　畿央大学健康科学部看護医療学科准教授

吉田直哉（よしだ・なおや）　　　　［第3章］
　　〈編著者紹介参照〉

装丁（デザイン）・カバーイラスト　小原正泰

〈保育士を育てる〉⑧

子どもの保健

2020年3月10日　初版第1刷発行

監修者　谷田貝 公昭
編著者　吉田直哉・糸井志津乃
発行者　菊池 公男

発行所　株式会社 一藝社
　　　　〒160-0014 東京都新宿区内藤町 1-6
　　　　Tel. 03-5312-8890　Fax. 03-5312-8895
　　　　E-mail : info@ichigeisha.co.jp
　　　　HP : http://www.ichigeisha.co.jp
　　　　振替　東京 00180-5-350802
印刷・製本　モリモト印刷株式会社